KB162926

75kg 그녀는 왜
지방흡입부터 했을까?

지은이

김하중

25년 동안 가까이서 오랜 친구이자 동료로 지켜본 김하중 원장을 한마디로 정의하자면, 바로 그의 신중함, 성실함, 그리고 '쿨함'일 것이다. 미용과 비만을 다루는 전문가인 김원장의 솜씨와 오랜 경력은 타고난 그의 진중한 성격에 시원시원한 쿨함까지 입어 빛을 발하고 있다. 원고를 받고 읽다가 나도 모르게 앉은 자리에서 모두 정독했다. 비만에 관한 책은 지금도 넘쳐나지만 딱딱한 이론 설명을 넘어, 다양하고 구체적인 환자의 사례를 다루면서 비만 치료의 최신 지견까지 이렇게 생생한 간접 체험을 가능케 해주는 책은 흔하지 않다. 그만큼 이 책은 비만 치료에 대한 궁금증을 재미있으면서도 속시원하게 설명해주는 동시에, 관련 의학적 최신 지견까지도 놓치지 않고 다룬다. 덕분에 체중 조절에 관심있는 이들 뿐 아니라, 일반 대중 누구 라도 한 번 읽어 볼 것을 권하고 싶다.

경희대학교 의과대학 내과 교수 맹치훈

"You are what you eat." 십수년 전 외국의 어느 텔레비전 공익광고에서 본 문구이다. 신선한 문구였지만 굳이 공익광고에 표제어로 쓸 만큼 사회적인 이슈인가 하며 대수롭지 않게 여겨 넘겼었다. 하지만 최근 우리나라의 비만인구는 어떠한가. 비만으로 인한 사회적 비용과 개인이 감당하고 있는 정신적 고통은 상상초월이다. 이제 더 이상 특정 고도비만 환자들만

이 아니라 우리 주변의 동료와 가족들의 질병으로 자리잡고 있는 비만을 적극적으로 해결해 나가야 할 필요성이 절실한 이때 이 책은 수많은 비만인 또는 체형관리에 관심이 높은 독자들에게 실질적이고 구체적인 사례를 통해 쉽고 간결하게 해결책을 제시한다. 고도비만 치료나 체형교정이 필요한 일부 환자들에게 국한된 치료법으로 여겨진 지방흡입을 우리의 일상을 파고든 비만을 해결할 결정적인 촉매제로서 사용하는 간단하지만 놀라운 사고의 전환인 것이다. 궤도에 오른 다이어트란 어떤가. 수많은 실패와 좌절을 딛고 다이어트 성공으로 가는 궤도에 올라서고 싶은 독자가 있다면 오랜 경험이 축적된 의사와 환자가 함께 이루어 낸 기적을 이 책을 통해 꼭 발견하길 바란다.

경희대학교 내분비내과교수 진상욱

여는 글

START

평화로운 평일 오후, 밝은 얼굴을 한 30대 후반 여성 김희아씨(가명)가 상담실 문을 열고 들어왔습니다. 긴 머리에 웨이브를 주고 제법 멋지게 화장도 할 줄 아는 모습을 보았을 때 평범한 삶을 살아가는 여느 30대 여성과 다름없어 보였습니다. 하지만 그 미소 뒤에는 그녀만 아는 어두운 이면이 숨어 있었습니다. 종일 그녀를 괴롭히는 고민거리가 있었기 때문입니다. '마지막이다'라는 심정으로 찾아온 김희아씨의 말로는 자신을 받아주는 병원은 그 어디에도 없었다고 합니다.

그녀는 161cm의 키에 100kg이 조금 넘는 고도 비만 환자였습니다. 워낙 낙천적인 성격을 가지고 있어 체중이 많이 나가는 것쯤은 개의치 않고 살았는데 체중계가 100kg 언저리를 가리켰을 땐 생각이 달라졌습니다. 유명 호텔리어로 일하고 있기 때문에 보이는 것도 중요한 직장에서 일자리를 잃을 수도 있었으니까 말이죠. 그녀는 이렇게 생각했습니다.

'이대로는 안돼.. 무언가 변화가 필요해!'

그리곤 여러 병원을 방문했지만 상담하는 의사들의 태도는 전부 달갑지 않아 하는 것 같았다고 합니다. 체중 감량 후에 다시 오라는 '권유' 혹은 터무니없는 수술 비용의 계산서였으니 말이죠. 비만 관리를 집중적으로 받아야 하고 지방 흡입이 누구보다 필요해 보이는 희아씨였지만 아무에게도 도움받지 못한 채 결국 우리 병원까지 오게 된 것입니다. 효율 중심의 의료체계, 비만 상담 및 치료 시스템의 부재, 비만 환자에 대한 싸늘한 인식 등이 복합적으로 얽혀서 희아씨 같은 환자들은 점점 설 곳을 잃고 있습니다. 물론 내가 운영하는 병원이 상처받은 비만 환자들의 안식처라던가 고도비만 환자라면 무조건 찾아야 하는 명소는 아닙니다. 하지만 적어도 그들에게 도움 될 해결 방안을 제시할 수 있다는 확신은 가지고 있습니다.

비만은 정복되지 않았습니다. 의학계에서 비만과의 전쟁은 오래전부터 진행 중입니다. 아니, 어쩌면 의학이 발달된 현대 사회에서 비만과의 전쟁은 수세에 몰린 것일지도 모릅니다. 수많은 다이어트 테크닉도, FDA 승인을 받은 약물들도 결국 어느 하나 비만을 정복하지 못했기 때문입니다. 비만에 관한 연구는 정말 다방면으로 진행되고 있지만 아이러니하게도 비만 환자는 갈수록 늘어나고 있습니다.

그렇다면 비만 환자들의 입장은 어떠할까요? 비만 환자들은 많이 힘들고 지쳐있는 상태입니다. 무엇을 어떻게 시도해도 체중은 좀처럼 줄어들 기미가 보이지 않고 기껏 몇 킬로그램 감량해도 금방 요요 현상이 발생하기 때문이죠. 주변의 시선과 사회의 차별 또한 견디기 어려운 무거운 짐입니다. 위로받아 마땅한 이들이 슬프게도 자기혐오에 빠져있는 경우가 대다수입니다. 비만은 온전히 자기 관리의 문제라는 사회적 인식이 많은 비만인들을 스스로 죄의식을 느끼게 만들고 있기 때문입니다.

저는 지방 흡입을 전문으로 하는 의사입니다. 지방 흡입은 비만과 떼려야 뗄 수 없는 문제로 이 두 가지 테마는 약 십수 년 동안의 나의 공부 대상이 되어 왔습니다. 경험이 축적 되어가는 와중에 틈틈이 새로운 지식을 얻었고 내 지식을 주변에 나눠준 결과 이제는 지방 흡입을 '찬양'하게 되었습니다.

'미용을 업으로 하는 의사이니, 당연한 이야기 아닌가?'

　이렇게 생각할 수 있겠지만 단순히 그런 이유라면 이렇게 밤늦게 컴퓨터 앞에 앉아서 글을 쓰는 이유도 없었을 것입니다. 이 시술은 비단 치료가 필요한 비만 환자에게뿐만 아니라 지긋지긋한 콤플렉스와 잘못된 다이어트 혹은 요요현상으로부터 탈출하고 싶은 정상체중 환자들에게도 동아줄과 같은 역할이 되어 주고 있습니다. 그렇기 때문에 비슷한 고민을 하는 다이어터들에게 지방 흡입과 다이어트에 관한 더 많은 정보를 전달해 주고 싶었습니다. 이렇게 찬양하는 지방 흡입이지만 내가 원하는 비만 탈출의 목적을 이루기까지 두 가지 조건이 필수적입니다.

　첫 번째 충분한 상담을 통한 의식의 개선, 나아가서는 '생활 습관의 개선' 두 번째 미숙한 지방 흡입 시술로 인해 환자들이 좌절에 빠지지 않도록 열심히 갈고닦은 '의사의 실력'입니다. 단순히 수술만 잘한다고 비만치료가 되는 것이 아니고 또 잘못된 수술의 결과는 오히려 생활 습관을 개선하려는 동기를 꺾어버리는 결과를 낳을 수 있기 때문입니다.

　환자의 의식이 개선되기 위해선 정말 많은 시간의 상담이 필요하며 그에 앞서 의사의 확고한 철학이 필요합니다. 수술 실력 향상 또한 쉬운 일만은 아닙니다. 원칙을 지켜가면서 지속적으로 케이스를 쌓고 자기반성을 하면 일정 시간이 지나야 좋은 실력을 가질 수 있습니다. 그렇기에 이 두 가지 조건들을 다 이룬다는 건 절대 만만한 일이 아닌 것입니다.

　의사인 나에게 있어서 지방 흡입은 잘못된 다이어트에 지친 환자들을 만날 수 있게 해 주는 창구이자 그들에게 희망을 줄 수 있는 도구입니다. 거기에 더해서 이 책을 통해 그들에게 강력한 동기부여와 스스로 일어설 수 있는 용기를 전해 주려고 합니다. 아시다시피 진료 시간은 매우 한정적입니다. 따라서 단시간 내에 환자와 이야기하고 상담하는 것으론 위의 두 가지 조건들을 충족시키기 어렵습니다. 그래서 나는 유튜브를 찍고 이렇게 책을 출판하면서 나만의 방법으로 차근차근 해결해 나가려고 합니다. 내 유튜브가 재미있고 이 책이 읽기 편하시다면 의사인 나와의 거리감이 조금은 더 가깝게 느껴질 것입니다. 진료실이 아닌 다른 공간에서 만나 쉽게 서로를 이해했다는 뜻이니까 말이죠. 궁극적으로는 현실적으로 부족한 상담 시간을 해결할 수 있을지도 모릅니다. 이것이 바로 내가 이 책을 쓴 이유입니다. 부디 이 책이 그러한 나의 목적을 이루기 위한 시작점이 되기를 바랍니다. 마지막으로 비만 환자들에게 꼭 하고 싶은 말이 있습니다. 어쩌면 모든 동기부여의 시작점이 될 수 있는 말입니다.

"체중 증가는 여러분의 잘못이 아니며, 여러분이 사랑받지 못하는 이유 또한 될 수 없습니다. 사랑받아 마땅한 이 세상의 모든 다이어터와 비만 환자들을 위해 오늘도 아는 의사오빠, 김하중 원장이 응원합니다"

사랑하는 성숙, 재윤, 재민 그리고 앙꼬에게

여는 글.

사례로 알아보는
비만과 지방흡입

PART
01

사례로 알아보는
비만과 지방흡입

다양한 케이스의 환자분들이
병원을 방문해주십니다
각 사례를 통해
내가 지방흡입을 해야하는지
판단해볼 수 있습니다

01

사례로 알아보는 비만과 지방흡입 1

배달음식만 먹었던
고도비만 여성의 이야기

겨울 어느 날 수술을 마치고 커피를 한 잔하며 쉬고 있는데 한 여성이 롱 패딩에 마스크로 온몸을 가린 채 쭈뼛쭈뼛한 모습으로 병원을 진료실로 들어왔습니다. 근심 걱정이 가득한 환자들을 늘 봐오는 나지만 그녀의 걱정이 가득한 얼굴은 아직까지도 생생히 기억날 정도로 인상적이었습니다. 심리적으로 위축된 모습이 역력했고, 상담을 시작할 때에도 몇 분 동안 말 없이 앉아만 있었습니다.

'생각보다 낯을 많이 가리시구나'

이런 상황에 익숙했던 나는 옆에 있던 간호사들을 잠시 내보내고 최대한 편안한 분위기를 연출했습니다. 그제야 그녀는 입을 열었습니다. 지긋지 긋한 살을 지방 흡입을 통해서라도 빼고 싶다고 했습니다. 한창 외모에 관심이 많을 나이인 30대의 그녀는 키 160cm에 98kg의 체중을 가지고 있었습니다.

처음부터 그랬던 것은 아니었다고 했습니다. 10년 다니던 회사에서 갑

작스레 퇴사 후, 취업이 되지 않았다고 합니다. 60kg였던 그녀는 스트레스를 해소하기 위한 방법으로 먹는 것을 선택했습니다. 우울감이 있어 집 밖으로 나가는 것이 싫었으니 배달 음식을 주로 먹었으며, 운동은 생각조차 하지 않았다고 했습니다. 내키는 대로 일어나고 먹고 잠들었습니다. 체중이 점점 늘기 시작하자 스트레스는 점점 늘어났고 그로 인한 잘못된 생활의 악순환은 계속되었습니다.

"스트레스를 해소하기 위해 다른 방법을 고민해 본 적은 없으세요?"

"체중이 많이 늘어 취미겸 해서 PT를 하기로 했어요, 근데 처음 몇 번 해보니 너무 몸이 무거워 도저히 못하겠더라고요 재미도 없었어요. 지금은 무릎이 아파서 다시 시도도 못하겠어요. 먹는 것 외의 다른 취미는 유튜브 보는 거예요. 그걸 보면 시간이 잘 가서요"

상담이 거의 완료된 시점에서 나는 이렇게 답을 내놓았습니다.

"안타깝지만 현재 상태로는 수술을 바로 진행해 드릴 수 없습니다. 다만..."

추가 설명할 틈도 없이 그녀가 다른 병원에서도 몇 번이나 비슷한 답변을 들었다며 눈물을 흘리기 시작했습니다.

"왜죠? 저희 같은 비만 환자에게 가장 필요한 시술이 지방 흡입 아닌가요? 왜 제가 돈 내고 수술받겠다는데 왜 다들 안 해주시겠다는 건지 모르겠네요"

그녀의 이야기를 들으면서 마음 한편이 씁쓸했습니다. 맞습니다. 사실 지방 흡입이 가장 필요한 환자는 다름 아닌 고도비만 환자들입니다. 하지만 이 여성을 비롯해 많은 고도비만 환자들은 지방 흡입 병원의 싸늘한 응대에 발길을 돌릴 수밖에 없습니다. 도대체 왜일까요? 그리고 왜 나는 그녀에게 당장 지방 흡입 수술을 약속하지 않았을까요? 제가 그녀에게 추가로 설명한 부분은 다음과 같았습니다.

왜 고도비만은 '안' 되는 걸까?

첫 번째 이유는 수술의 위험성입니다. 고도 비만은 수면 마취 시에 수면 무호흡증이 오기 쉽습니다. 수면 무호흡증은 말 그대로 수면 상태에서 호흡이 일시적으로 떨어지는 현상으로 이는 환자의 안전과 직결되는 문제입니다. 따라서 병원에 마취과 전문의가 없는 경우 안전상의 문제로 고도비만 환자를 안 받는 경우가 많습니다. 또한 고도비만의 지방 흡입 수술은 일반 지방 흡입 수술에 비해 혈종, 장액종, 피부 처짐 등의 부작용 확률이 높습니다. 위험성이 높은 수술은 의사로서도 피하고 싶은 이유가 될 수 있습니다.

두 번째 이유는 바로 병원의 수지 타산 문제입니다. 고도 비만은 상대적으로 손이 많이 가는 수술이고 다른 수술에 비해서 두 배 이상 시간이 걸립니다. 현실적으로 수익이 있어야 병원 운영이 되기에 그 시간에 다른 수술을 하는 것이 더 수지 타산에 맞을 수 있다는 이야기입니다.

호텔급 서비스를 제공하기 위한 목적으로 수지 타산을 말하는 것이 아닙니다. 기본 원칙을 지켜 수술을 하고 환자 중심의 서비스를 유지하는 시스템이라면 보통 수술의 2배의 인력과 시간이 들어가기 때문입니다. 또한 사후 관리에도 손이 많이 가게 됩니다. 이런 이유로 인력이 부족한 병원은 고도비만 환자가 달갑지만은 않은 것입니다.

마지막 이유는 의사의 경험 부족으로 예상해 볼 수 있습니다. 일반적인 지방 흡입의 경험이 많다고 해도 고도비만의 지방 흡입은 또 다른 장르로 봐야 합니다. 신경 써야 하는 요소가 일반적인 지방 흡입과는 차원이 다르기 때문입니다. 모든 미용 시술이 그렇지만 당연히 지방 흡입도 의사의 기술적 숙련도와 미적 감각이 바탕이 되어 줘야 합니다. 둘 다 타고나는 의사면 좋겠지만 보통은 노력을 통해 실력을 발전시킬 수밖에 없습니다.

그런 이유로 지방 흡입은 최소 3년 이상 경험이 쌓여야 합니다. 지방 흡입의 결과는 보통 짧게는 3개월 길게는 12개월까지도 지켜봐야 알 수 있으며 재수술을 계획했다면 첫 수술 후 12개월 후까지 지켜봐야 적당하기 때문입니다. 즉, 한 환자를 수술하고 경과를 보고 또한 재수술까지 계획하게 되어 그 경과까지 관찰하는 시간이 대략 2-3년의 시간이 필요합니다. 이런 경력을 가지고 있는 의사는 (특히 고도비만에 관해서라면 더욱 그렇습니다) 국내에 많지 않기에 고도비만 환자들이 병원을 찾기가 어려운 것입니다. 이렇게 의사의 충분한 실력, 충분한 병원의 전문 인력, 원칙을 지키기 위한 안전 시스템을 두루 갖춘 병원을 찾기는 정말 어렵습니다. 그래서 그녀의 목멘 소리가 나 또한 충분히 이해가 되었습니다.

생활 습관 개선과 함께하지 않는
고도비만 지방 흡입은 절대 권하지 않는다.

그래서 나는 그녀에게 위와 같이 수술 중 무호흡의 위험이 있으니 지방 흡입을 먼저 하기보다는 체중을 98kg에서 90kg으로 노력해서 만든 후에 수술을 하자고 권했던 것입니다. 표면적인 이유야 그렇지만 사실은 수면 무호흡의 문제보다는 생활 습관 개선의 의지가 없어 보인 이유가 더 큽니다.(우리 병원은 고도비만 환자의 지방흡입에도 대응할 수 있는 시스템이 갖추어져 있습니다) 지방 흡입은 미용목적의 시술입니다. 질환 치료 목적의 시술은 될 수 없음이 분명하지만 나는 왜 지방 흡입과 비만 치료를 엮었을까요? 그 이유는 십 년 넘게 수천 명의 비만 환자의 체중관리를 담당해온 의사로서 지방 흡입이 하나의 살을 빼는 동기부여의 솔루션이 될 수 있다는 확신을 얻었기 때문입니다.

지방 흡입은 체형관리 시술에서 짧은 시간 빠른 효과를 낼 수 있는 가장 좋은 방법입니다. 따라서 체형관리 중에서 생활습관 개선의 동기 부여를 받으려면 지방 흡입만 한 방법이 없습니다. 수많은 요요와 실패를 경험하고 따가운 시선을 견디다 못해 병원을 찾은 환자에게 필요한 것은 따뜻한 위로(때로는 따끔한 질책)와 강력한 동기부여가 동시에 필요합니다. 이럴 때 나는 지방 흡입이 강력한 동기부여 수단이 되는 것을 여러 번 보았습니다.

하지만 지방 흡입을 통해 얻는 행복은 겨우 3개월에서 길어야 5개월입니다. 강한 동기부여도 길어야 그 정도 유지될 것입니다. 이때가 생활 습관 개선의 골든 타임입니다. 그런 이유에서 지방 흡입을 정말 가볍게 생각하거나 다이어트가 싫어 차선책으로 결정했다면 지방 흡입을 다시 생각해 보라고 권하는 이유입니다. 이런 경우 동기부여는 전혀 될 수 없고 따라서 생활습관이 개선되길 바랄 수 없기 때문입니다. 수술을 잘 받았더라도 이후 관리가 되지 않는다면 지방 흡입을 통한 행복은 반 년이 채 안 갈 것입니다. 또한 이전보다 더 심한 자기혐오에 빠질 것이기 때문입니다.

주변 사람들 시선이 두려워 온몸을 가리는 두터운 패딩을 입고 왔던 그녀는 나의 설득에 넘어갔습니다. 그리고 얼마 후 생활습관을 많이 교정해서 병원에 다시 웃는 모습으로 찾아왔습니다. 체중은 5kg이 감소된 상태였으며 체중은 현재도 작은 폭으로 지속적으로 빠지고 있는 상태였습니다. 나도 그런 의지가 있는 그녀가 참 반가웠습니다. 그제서야 나는 수술을 미루게 된 진정한 의미를 알려주었으며 그녀도 진심으로 이해해 줄 수 있었습니다. 앞으로 생활 습관 개선의 노력은 멈추지 않을 것이라고 다짐하면서 말입니다. 드디어 수술 날짜를 정할 수 있는 시점이 온 것입니다. 우선적으로 전신 수술이 아닌 가장 고민이 되는 복부지방 흡입부터 하기로 했습니다.

왜 원하는 전신이 아닌 복부지방 흡입만으로 계획을 잡았을까요? 체중 감량이 절실히 필요한 고도 비만의 경우 아주 강력하고 효과가 긴 동기 부여가 필요합니다. 거기에 걸맞은 하나의 무기가 바로 지방 흡입입니다. 그렇기 때문에 한 번에 전신을 끝내는 스케줄이 아닌 최대한 시간을 끌어가면서 지방 흡입 스케줄을 나눔으로써 지속적으로 동기부여를 주고 또 내가 그 기간 동안 환자를 촘촘히 모니터링할 수 있게끔 유도한 것입니다. 고도비만 환자의 안전을 위해 스케줄을 분산한 것도 하나의 이유입니다.

1번 사례자 수술
Before & After

수술부위 복부 + 치구

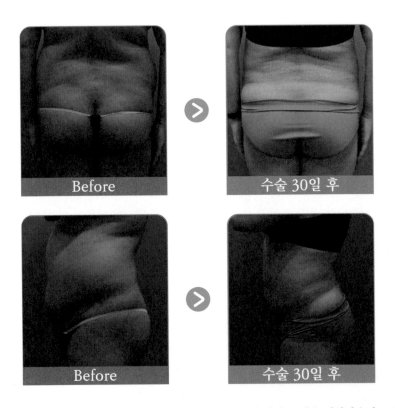

나이도 젊고 출산의 경험도 없는 그녀는 피부의 탄력은 매우 괜찮았습니다. 따라서 피부 처짐의 위험은 크게 고려하지 않았습니다. 다만 내장지방은 문제였는데요, 지방흡입 후에도 복부가 볼록한 형태로 내장지방이 도드라질 것이 걱정이었습니다. 이러한 수술 후 볼록한 복부(내장지방)의 해결책은 '체중감량!' 내장지방은 체중 감량에 민감하게 반응하여 가장 먼저 사라지게 됩니다. 따라서 생활습관의 개선은 필수라고 할 수 있습니다.

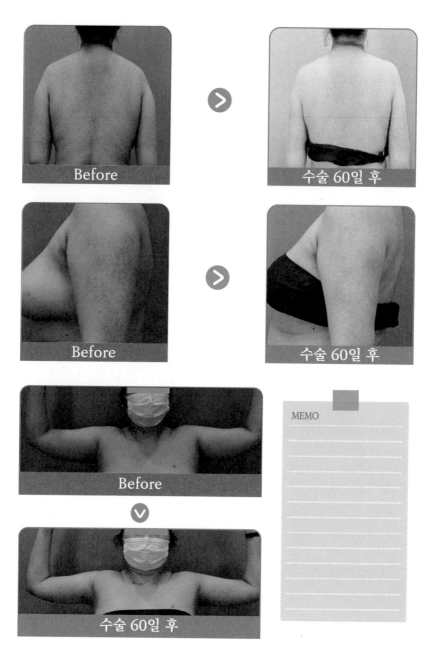

MEMO

사례로 알아보는 비만과 지방흡입 2

정작 자신의 몸은 챙기지 못한 간호사의 비만 탈출기

"원장님! 안녕하세요!! 잘 지냈어요?"

하루는 이전 병원에서 함께 근무했던 간호사 박지희(가명) 씨를 만났습니다. 어엿한 간호사로 자리 잡은 그녀의 모습을 보면서 기특하기도 하고 반갑기도 했지요. 그런데 오랜만에 봐서 그런지 기억 속의 모습과는 달리 무언가 변한 느낌이 들었습니다. 얼굴은 부어 보였으며 가디건을 입은 어깨가 둥그렇고 커져 있었습니다. 원래 큰 키의 그녀였기에 어깨가 커지자 다른 사람보다 그 변화가 크게 와닿았던 것 같습니다.

"요새 연애하세요? 얼굴이 좋아 보이네요!?"

"돌려 말하지 않아도 괜찮아요, 저 예전보다 살이 좀 올랐죠?"

주변에서 하도 살쪘다는 잔소리를 많이 들었다며 이제는 대수롭지 않다는 반응을 보였습니다.

"원장님 그럴만해요, 벌써 5년도 넘게 지났잖아요"

10년 전 그녀가 신입으로 들어왔을 때 170cm라는 큰 키에 아주 날씬한 몸매의 소유자였습니다. 그랬던 그녀는 몇 년 후 종합병원으로 이직하게 되었습니다. 그녀가 말하길 처음에는 근무 환경이 바뀌고, 위급 상황엔 끼니를 잘 못 챙겨 먹어 더 마를 수밖에 없었다고 했습니다. 하지만 어느 정도 업무에 적응되기 시작한 시점과 비슷하게 그녀의 체중이 서서히 증가하기 시작했다고 합니다. 지속적으로 밤낮이 바뀌고 스트레스가 쌓이면서 입맛도 바뀌고 음주도 잦아지게 되었습니다. 게다가 식사 시간이 정해져 있어도 병원 상황에 따라서 급하게 식사 후 업무로 복귀해야 하는 경우가 많아 음식을 허겁지겁 섭취하는 나쁜 버릇도 생기게 되었답니다. 오랜 경험으로 보았을 때 체중관리가 가장 힘든 직업군은 경찰, 간호사, 경비업체와 같은 교대 근무자들입니다. 일단 수면이 불규칙하고 식사 자체도 불규칙적이라 영양 불균형에 빠지기 쉬우며 스트레스가 쌓여 호르몬 불균형에 빠지기 쉽기 때문이지요. 그렇게 지희 씨는 체중 증가의 악순환에 빠지게 된 것이었습니다. 스트레스는 어떻게 푸냐는 질문에 그녀의 답변은 이러했습니다.

"퇴근 후에 매운 음식 먹는 걸로 풀어요 스트레스 해소에는 이만한 게 없어요"

"예전에 좋아하던 필라테스는 아직 하나요?"

"에이~ 잠자기 바빠요 3교대가 정말 피곤하더라고요. 그래서 말인데요 원장님 저도 이 팔뚝살이랑 등살 좀 빼버릴까요?"

그녀의 물음에 쉽게 대답할 수가 없었습니다. 어려운 부탁은 아니었습니다만 그녀에게 가장 필요한 건 생활 습관의 개선, 그리고 마인드의 변화라고 생각했기 때문입니다. 남의 건강을 책임지는 간호사이지만 정작 본인의 건강은 챙기지 못 한 그녀. 마른 몸매의 소유자였던 그녀가 비만이 된 것은 과연 그녀만의 책임일까요?

아무도 몰랐던 그녀가 비만이 된 '진짜' 원인!

날씬했지만 직장이 바뀌면서 서서히 체중이 증가한 그녀, 큰 키 탓에 체격이 커 보였지만 비대해 보이지 않았습니다. 하지만 의학적 기준에 의하면 그녀는 '비만'의 범주에 들어가는 비만 환자였습니다. 비만이란 체질량지수가(몸무게를 키의 제곱으로 나눈 값/kg ÷ ㎡) 25이상인 경우를 말합니다. 이는 동양의 기준입니다. 서양의 기준으로는 체질량지수가 30 이상부터 비만이라고 정의합니다. 상대적으로 체격이 작은 동양인은 체질량지수가 25만 되어도 서양인의 30인 상태와 동일하게 다른 질환의 발생 위험이 높아집니다. 따라서 그 기준이 25로 낮을 수밖에 없습니다. 간혹 드물게는 체질량지수의 함정이 존재하는 경우도 있습니다. 극단적으로 체내의 지방이 적고 근육이 많아서 체중이 많이 나가는 보디빌더와 같은 경우는 체질량지수가 높지만 비만이라고 보기 어렵습니다. 하지만 이런 경우는 매우 드물기 때문에 일반적으로 체질량지수로 비만의 정도를 갈음하곤 합니다. 또 다른 비만의 기준으로 복부 둘레가 있습니다. 남성은 90cm 이상 여성은 85cm 이상을 비만으로 간주합니다.

고열량 음식 섭취 국가로 알려진 미국만 봐도 3억이 넘는 인구 중 40%가 비만으로 비만은 꽤나 심각한 문제입니다. 물론 한국도 예외가 아님니다. 2022년 질병관리청이 보고한 '국민 건강영양조사 기반의 비만 심층 보고서'에 의하면 19세 이상의 남성 비만율은 44.8%, 여성은 29.5%입니다. 2008년에 비해서는 약 3% 증가했는데 완만한 증가세를 보이고 있습니다. 그렇다면 왜 비만은 마치 바이러스 등의 유행병처럼 점점 늘어나고 있는 걸까요? 한 가지 원인으로 비만을 설명할 수 없다는 것은 전문가들의 공통 의견입니다. 비만의 원인에 대한 학계의 다각적인 견해가 있습니다. 이 중 유럽 비만 연구회에서 비만 원인을 12가지로 도식화했는데요. 먼저 이부터 눈여겨보았으면 합니다.

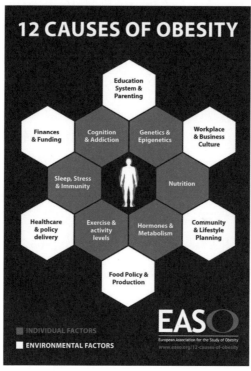

〈출처 유럽 비만 연구회〉

여기서는 비만의 원인들을 크게 개인적 요소와 환경적 요소, 이렇게 두 가지로 나눕니다. 개인적 요소에는 유전적 요인, 영양섭취, 호르몬과 대사, 활동량 저하, 수면과 스트레스, 중독 등 정신적 요인 여섯 가지로 분류하며, 환경적 요소에는 교육 환경, 업무환경, 라이프 스타일, 식문화 정책 및 판매되는 식료품, 의료 정책, 경제적 요소 등의 여섯 가지 요인으로 분류했습니다.

이렇게 각각의 요인들은 서로 상호 작용을 하며 체중 증가에 영향을 끼칩니다. 간호사 지희씨가 겪었던 일처럼 말이지요. 건강하지 못한 업무환경은 스트레스 증가와 수면 부족으로 이어지기 쉬운데 이는 호르몬 시스템과 지방 대사 방식을 무너뜨려 비만을 부릅니다. 그럼 그녀가 비만에 빠질 수밖에 없었던 원인들에 대해서 좀 더 깊게 이야기해 볼까요?

지희씨는 외래 중심의 작은 의원에서 3교대를 하는 종합병원으로 이직하였습니다. 또한 중환자를 많이 다룸으로 인해 업무적 스트레스도 가중되었습니다. 식사도 어쩔 수 없이 자연스럽게 불규칙하게 되었지요. 다이어트와 건강의 적인 스트레스, 직업 환경의 변화는 결과적으로 만성적인 스트레스를 유발하는 개인 요소들을 자극했습니다. 만성적인 스트레스는 몸 안의 코르티졸 호르몬 레벨을 높입니다. 과거에는 무서운 호랑이나 장기적인 기근에 살아남기 위해 꼭 필요한 역할을 수행했던 코르티졸은 현대에도 스트레스에 대응해 몸 안에서 과거와 똑같은 작업을 수행합니다. 바로 에너지를 섭취하고 저장하도록 채찍질하는 일입니다.

다만 과거와 달리 현대인들은 활동량이 많지도 않으며, 음식이 부족하기는커녕 넘쳐나서 탈입니다. 하지만 이러한 상황을 알리 없는 코르티졸은 스트레스에 대항하기 위해 지희 씨의 식욕을 미친 듯이 자극하고 남는 에너지를 지방으로 저장하는데 여념이 없었습니다. 바쁜 생활 때문에 좋아하던 운동도 할 시간이 없어져 버린 지희 씨는 폭발하는 식욕, 호르몬의 불균형 앞에서 무너질 수밖에 없었습니다. 체중이 증가하게 된 것이죠. (물론 체중과 식욕에 작용을 하는 호르몬은 우리 몸에 코르티졸 말고도 훨씬 많습니다. 하지만 질병의 범주에 들어가는 호르몬 질환보다는 우리가 주의 깊게 들여다보아야 하는 문제는 스트레스라고 말할 수 있습니다)

더 나아가서 환경적 문제도 이야기해 볼까 합니다. 지희 씨는 직접적으로 직업 환경의 변화 한 가지에 영향을 받았을 뿐이지만, 그뿐만은 아니었을겁니다. 코로나로 인해 외출을 자제해야 했던 것도 분명 영향을 받았을 것이고, 폭발적으로 성장한 음식 배달 시스템도 한몫했을 것입니다. 거기에 TV만 틀면 나오는 먹방 또한 안 그래도 스트레스로 가득한 지희 씨의 식욕을 불태우지 않았을까요? 여기에 더 나아가서 식료품들에 대한 식품의약품 안정청의 규제 또한 지희씨게에 영향을 주고 있다고 봐야 합니다. 건강한 식자재 문화를 위한 국가의 기준이 까다롭다면, 그만큼 지희 씨는 건강한 음식을 섭취할 것이고 그만큼 건강하고 날씬할 수 있었을 테니까 말입니다.

이러한 분석을 바탕으로 지희 씨에게는 몇 가지 생활 습관 개선을 우선적으로 시행했습니다. 우선 가장 중요한 것은 스트레스에 대한 대응이었습니다. 3교대의 굴레 안에서 최대한 자신의 생활 리듬이 흐트러지지 않을 수면 패턴을 짜내어야 합니다. (사실 이 부분이 가장 어려운 부분입니다)

거기에 맞추어 식사 시간을 결정해야 하며(여기서 가장 중요한 포인트는 잠자리에 들기 전에 음식물을 섭취하는 습관을 없애는 것이었습니다), 업무 스트레스를 컨트롤할 수 있도록 명상을 권했습니다. 지희 씨의 경우는 요가에 관심이 많았기 때문에 요가를 배워보기로 했습니다. 거기에 덧붙여 걷기 운동도 추가했습니다. 시간과 체력이 충분치 않은 그녀를 위해 걷기는 시간과 강도에 의미를 두기보다는 매일매일 조금이라도 걷는 데에 초점을 맞췄습니다. 규칙적인 식사패턴과 충분한 수면시간, 규칙적인 운동은 스트레스를 낮추는 데에 필수적입니다.

거기에 더해 팔뚝 지방 흡입을 빠른 시일 내로 진행하였습니다. 가장 급한 팔뚝 살을 해결하고 그 이후에 동기부여를 위해 브라라인 지방 흡입에 조건을 걸었습니다. 우리 병원에는 직원을 대상(5년 이내 퇴사자 포함)으로 지방 흡입 비용을 할인해 주는 제도가 있습니다. 지희 씨가 올바른 생활습관으로 개선해서 온다면 이 제도를 적용해 준다는 당근을 말입니다.

3개월이 지났습니다. 그 후 지희 씨는 어떻게 되었을까요? 물론 3교대 근무가 규칙적인 생활 습관을 구성하는 데에 정말 어려운 조건이 분명합니다. 따라서 일반적인 직장인보다는 생활 습관 교정이 정말 쉽지 않습니다. 하지만 규칙적인 걷기, 요가를 실시하고 취침 전에 공복 상태를 만드는 노력 등은 좋은 결과로 나타났습니다. 이전보다 훨씬 자신의 식욕을 컨트롤하기가 쉬워졌다고 했습니다. 보상적으로 먹던 매운 음식도 점차 덜먹게 되었다고 합니다. 체중은 어땠을까요? 1.5kg이 감량되었고 감량은 현재 진행 중이라 했습니다. 지방 흡입 비용 할인의 당근이 살짝 구미가 당긴 것은 비밀이라고 하네요. 아픈 사람을 돌보는 간호사 지희 씨, 부디 본인도 돌보면서 건강하게 오래도록 환자를 돌봐주었으면 합니다.

비만은 개인의 문제가 절대 아니다.

지희씨의 사례로 비만의 다각적인 원인 분석을 한 김에 비만에 대처하는 우리 사회의 시선에 대해 이야기해 볼까 합니다. 우리 사회는 이러한 비만인들을 자기관리도 못 한 '루저'라고 바라보는 경향이 있습니다. 비만의 원인들에 대한 깊은 이해 없이 말입니다. 비만인 사람을 '뚱보'라고 놀리거나 비하하는 만화, 동화에서부터 날씬함을 미덕으로 여기는 매스미디어까지 우리는 비만에 대한 좋지 않은 시선을 강요당하고 있다고 봐도 무방합니다. 이런 현상은 인구의 3분의 1이 비만인 세계 각국의 나라에 결코 좋은 것이 아닙니다. (비만 환자가 늘고 있는 자체도 사회적 문제이지만 이들에 대한 곱지 않은 시선도 사회적 문제입니다) 차별, 사회적 갈등, 사회적 정신 건강에 악영향을 미칠 뿐이지요. 이러한 문제의 해결을 위해 사회가 나서야 합니다. 비만은 다양한 요인들에 의한 결과로 발생한 명백한 질병이며 비만에 걸린 사람은 당뇨나 고혈압에 걸린 사람과 마찬가지로 비난의 대상이 아닌 치료의 대상이 되어야 합니다.

얼마 전 한 예능 프로에서 비만인 여성 출연자가 아름답다는 상대의 칭찬을 듣고 방송 진행이 불가능할 정도로 펑펑 운 장면을 본 적이 있습니다. 여성으로서 얼마나 많은 상처를 받아왔을까 하는 마음이 들면서 비만인이 아름답다는 말에 밝게 웃으며 감사를 표하는 것이 생경한 우리 사회의 현실에 뒷맛이 씁쓸했습니다. 안타깝게도 아직은 비만을 바라보는 부정적인 시선을 지울 순 없나 봅니다. 어깨를 최대한 움츠리거나 눈치를 살피며 진료실로 걸어들어오는 대부분의 비만 환자들의 자세를 보면 사회의 시선이 어떠한지 미루어 짐작이 가능하게 됩니다. 그래서인지 아주 드물게 자신 있게 허리를 펴고 당당히 걸어 들어서는 비만인들을 만나면 마음이 한결 가볍습니다. 적어도 사회의 편견에 당당히 맞서고 있는 태도가 보이니까요.

비만과 폐암을 잠깐 비교해 볼까요? 담배를 매일같이 피워대는 사람도 평생 폐암에 걸리지 않을 수 있고, 반대로 담배를 구경도 못 한 사람이 폐암에 걸릴 수도 있습니다. 우리가 누군가 폐암에 걸렸다고 그 환자를 비난하지 않는 것처럼 비만 환자에게도 함부로 비난의 화살을 날려서는 안 됩니다. 철저한 자기관리 노력에도 불구하고 체중은 늘어날 수 있으니까요. 이러한 점에서 우리는 비만을 질병 그 자체로 봐야지 단순히 자기관리의 부재에 의한 결과로 봐서는 안 된다는 것입니다. 비만은 전 세계적인 문제입니다. 점점 심각해지고 있으며 원인은 콕 집어 뭐라 할 수 없이 다각적이라는 사실을 알아야 합니다.

**다이어트 실패할 확률을 낮추는
다이어트 테크닉 유혹묶음**

다이어트는 정말 어려운데요 이 어려운 다이어트를 쉽게 할 수 있다면 얼마나 좋을까요? 그래도 그나마 이 어려움을 덜어내는 방법을 알려드리겠습니다. 영상에서 알려드리는 다이어트 테크닉 여러분들도 한번 직접해보세요!

링크 : https://c11.kr/1by5d

지방흡입사례
Before & After

수술부위 복부 + 치구

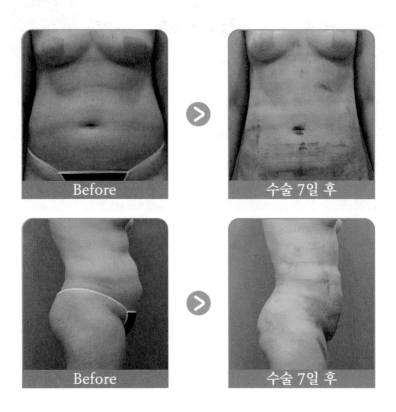

Before

수술 7일 후

Before

수술 7일 후

● 이 환자는 출산의 경험이 있으므로 배꼽 아래 중심으로 복벽이 늘어나 있는 상태 입니다. 이럴 경우는 흡입 뿐 아니라 복근의 늘어짐을 해결하는 운동의 노력이 반드시 필요합니다. 또한 복부의 지방에 비해 얼굴은 볼륨이 많이 부족한 상태였기 때문에 뽑은 지방을 얼굴에 이식함으로써 현재보다 훨씬 젊어보이는 얼굴을 갖게 되었습니다.

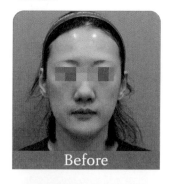

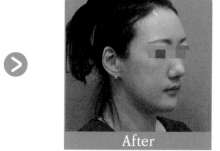

사례로 알아보는 비만과 지방흡입 3

완벽한 몸매의 그녀들의
숨겨진 비밀

"안녕하세요. 원장님 혹시 저희 진료 가능할까요?"

어느 날 진료실에 멋진 몸매의 두 여성이 방문했습니다. 누가 봐도 '이들이 나를 왜 찾아왔을까' 의구심이 들 정도로 탄탄한 복근이며 건강하고 아름다운 라인의 팔 다리까지 완벽해 보였던 김리나 최미희(가명) 씨였습니다.

"무슨 일로 찾아오셨을까요?"

"브라라인 지방을 제거하고 싶어서요. 혹시 이 부분만 제거할 수 있을까요?"

이 두 여성의 정체는 알고 보니 병원 근처의 헬스 트레이너였습니다. 마케팅용으로 바디프로필을 찍어야 하는데 브라라인 지방이 걸림돌이 되어 시술을 원했던 것입니다. 체지방률이 다른 20대 여성들보다 적게 나옴에도 불구하고 이 브라라인 지방은 빠질 기미가 안 보이고 심지어 특별한 포즈를 취할 때에는 자꾸만 접혀 들어가 눈에 띄었습니다.

"당연히 가능합니다. 초음파 먼저 받아보실까요?"

마른 환자가 지방 흡입을 원하는 경우도 많기 때문에 별다른 걱정 없이 초음파로 먼저 상태를 살펴보았습니다. 다행히 지방 흡입이 가능한 상태였고 그대로 수술 날짜를 잡기로 했습니다. 일사천리로 진행이 되려는 찰나에 충격적인 이야기를 들었습니다. 바로 두 분이 현재 체중 관리를 위해 '먹토'를 하고 있다는 고백이었습니다. 고등학생 사이에 유행한다는 먹토는 말 그대로 '먹고 토한다'의 줄임말입니다. 음식이 소화되기 전 입안으로 손가락을 넣어 속에 있는 음식을 모조리 게워내는 엽기적인 다이어트 방법입니다. 당연하게도 이 방법은 몸에도 정신 건강에도 아주 해롭습니다. 한참 식욕이 왕성할 나이인 이 두 환자는 안 그래도 운동하느라 잔뜩 화가 나있는 식욕을 해결하고자 먹고 싶은 만큼 먹고 토했던 것입니다. 그나마 다행이었던 점은 먹토를 시작한 지 얼마 되지 않았다는 사실과 이들도 이런 행위가 나쁘다는 것을 인지하고 해결하고자 하는 의지도 있었다는 사실이었습니다.

의사로서 그냥 넘어갈 수 없어 나는 다급하게 조건을 내걸었습니다. 둘의 고민인 브라라인은 어떻게든 해결해 줄 테니 먹토는 중단하자고 말입니다. 약속과 함께 폭식 조절에 도움을 줄 수 있는 약물을 함께 처방해주었습니다. 물론 여기서 끝이 아니라 체중관리에 대한 인식과 다이어트의 건강한 방향에 대해서도 일장 연설을 들려주었습니다. 그리고 지방흡입 수술이 진행되었습니다.

수술이 마음에 들었을까, 아니면 약물이 효과가 있었을까 아니면 일장 연설이 듣기 싫어서였을까요. 어찌 되었든 김리나, 최미희 씨는 수술 후

3개월까지도 먹토를 더 이상 하지 않았습니다. 3개월간의 몸무게 변화도 유의미한 정도는 아니었지만 살짝 감량이 되었습니다. 그들은 이후에 다시는 진료실을 찾지 않았습니다. 부디 지속적으로 좋은 식습관을 유지하시기를~!

갖은 노력으로 해결되지 않는 신체부위의 해결법

위의 예시처럼 특정 부위의 피하지방을 감소시키기란 정말 어렵습니다. 피하지방은 최후의 최후를 위한 에너지 저장창고이기 때문입니다. 좀처럼 자신이 보유하고 있는 에너지를 내놓고 부피가 감소되는 것을 허락하지 않습니다. 그래서 김리나 최미희씨의 브라라인도 여타의 노력에 좀처럼 반응하지 않았던 것입니다. 이렇게 극단적으로 바디라인을 관리하지 않아도 되는 평범한 여성의 경우에도 부분적인 고민은 있게 마련입니다. 이들은 비만하지 않기 때문에 체중 감량은 당연히 필요가 없습니다. 보기 싫은 팔뚝살이나 승마살이 괴롭히지만 않는다면 말입니다.

체중 감량이 필요 없는 경우에 지방 흡입은 어떤 도움이 될 수 있을까요? 주위에서 날씬하지만 유독 튀어나온 승마살로 고통받는 사람을 볼 수 있습니다. 이런 경우 몸매에 관심이 많다면 가장 접근이 쉬운 방법으로 식이요법과 운동을 시작할 수 있을 것입니다. 이럴 경우 실패할 확률이 높고 성공을 했다 하더라도 여름 시즌 노출에 대비해서 봄마다 과격한 체중 감량을 시행하고 다시 요요가 오는 체중 순환(weight cycling)에 빠질 위험이 있습니다. 또한 체중 감량을 위한 효과가 승마살에만 나타나면 좋겠지만 덩달아 빠지는 가슴의 볼륨, 얼굴의 다크서클은 어찌할

도리가 없게 됩니다.

'체지방을 줄이는 것 까지는 좋은데 가슴이 너무 작아져서 결국은 수술을 받을 수밖에 없었어요' -트레이너 김리나 씨의 말입니다. 이런 식이 요법과 운동을 통한 체중 감량 후에 겪는 일종의 트레이드오프(하나를 얻으면 하나를 잃는)의 케이스는 너무나 많습니다. 이럴 때 지방 흡입이 빛을 발할 수 있습니다. 성형수술이라며 누군가에게는 손가락질의 대상이 되는 지방 흡입이지만 해결이 어려운 콤플렉스를 개선해 줌으로써 더 이상의 체중 순환 (체중 감소와 증가가 반복되는 현상)에 빠지지 않게 되는 건강한 솔루션이 될 수 있다는 것입니다. 굳이 건강하지 않은 방법으로 체중 감량을 하려는 다이어터들에게 혹은 체중 감량으로 인한 원하지 않는 부위의 볼륨 감소를 감수하려는 사람들에게 이 말을 전하고 싶습니다.

"식이와 운동으로 해결되지 않는다면 스트레스로 정신 건강을 해치는 것보다 의학의 힘을 빌리는 것도 나쁘지 않다는 것을 말이죠. 원하는 부위를 다듬은 뒤 체중을 유지한다면 잘못된 다이어트 혹은 요요를 피함으로써 미용시술이지만, 오히려 건강한 방향이 될 수 있습니다."

지방흡입 사례
Before & After

수술부위 복부 + 러브핸들 + 브라라인

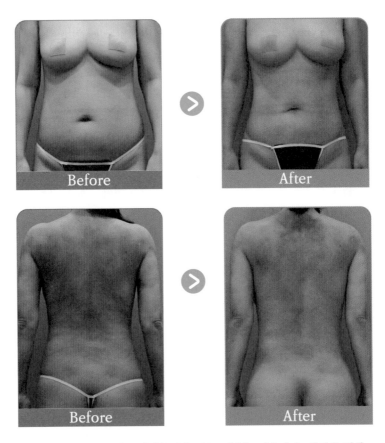

● 정상 체중의 경우에도 지방흡입을 하는 경우는 많습니다. 사진은 정상
체중임에도 보기 싫은 등쪽의 러브핸들과 브라라인을 다듬음으로써 훨씬
매끈한 등 라인을 만들어 낼 수 있었던 케이스입니다. (사연에서 언급한 트
레이너는 아닙니다.)

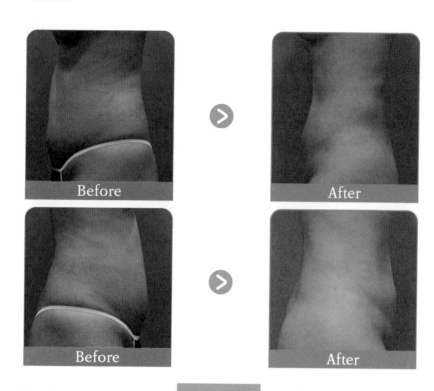

Before

After

Before

After

MEMO

01

사례로 알아보는 비만과 지방흡입 4

식욕억제제에 중독된
아내 이야기

금요일 오후, 하루의 끝을 마무리할 마지막 진료만을 남겨 두고 있던 찰나였습니다. 시간이 남아 여유롭게 차를 한 잔 마실까 생각했습니다. 하지만 그때 진료실 문이 열렸습니다.

"원장님 비만 처방전 상담 한 분 먼저 봐주시면 안 될까요?"

"아.... 그러시죠"

"그런데 좀 마른 남자분이세요"

"네? 아... 알겠습니다"

마른 여성이면 몰라도 마른 남성이라니? 여성의 경우는 날씬하더라도 체중에 대한 강박 때문에 식욕억제제를 원하는 경우가 더러 있습니다. 하지만 정상 체중의 남성은 식욕억제제를 원하는 경우가 거의 없기 때문에 나는 호기심이 발동했습니다.

"김민성씨(가명), 어쩐 일로 오시게 된 거죠?"

"제 아내가.. 다이어트 약에 중독된 것 같아요"

그의 이야기를 들어봤습니다. 그는 다름 아닌, 그의 아내 때문에 나를 찾은 것이었습니다. 마침 근처의 회사에 다니는 관계로 조언이라도 구하고자 방문했다고 했습니다.

마흔을 앞둔 아내 이지은씨(가명)는 아이들이 중학생이 되자 여유 시간이 많아졌습니다. 아이들도 어느 정도 성장했겠다 지은 씨는 오랫동안 단절된 경력을 살리고자 취업시장에 다시 뛰어들었습니다. 아내의 새로운 도전에 남편 김민성씨 또한 아주 기쁜 마음으로 그녀를 응원했지요. 하지만 지은 씨의 취업 도전에 걸림돌이 하나 있었으니 바로 '육아'라는 기나긴 시간 동안 늘어난 체중이었습니다.

처음엔 과거에 찍어뒀던 증명사진과 비슷한 모습으로 취직해야 한다는 생각에 한 피부과를 방문했다고 합니다. 그리고 그곳에서 단기간에 살을 뺄 수 있는 다이어트 약을 처방받았습니다. 첫 이주 동안은 이거다 싶었다고 했습니다. 식욕이 확실히 억제가 되는 느낌이었고 적게 먹어도 배고프지 않으니 식사 조절이 하나도 어렵지 않아서 좋다고 했답니다. 하지만 효과에 대한 환호도 잠시, 점차 부작용들이 나타나기 시작했다고 합니다. 아내 이지은 씨는 약을 먹는 동안에는 쉽게 잠들지 못했고 평소에는 대수롭지 않게 넘기던 일들에도 짜증이 늘었다고 했습니다. 처음에는 다이어트 자체 때문인 줄 알았는데 약이 떨어지면 증상이 없어지고 약을 다시 먹으면 또다시 증상이 발생하기를 반복했다고 합니다. 체중 또한 처음 두 달간에는 5kg 정도 감량되었지만 약을 끊으면 요요가 오고 다시 먹으면 체중이 감소하는 체중 순환에 빠졌다고 했습니다. 결국 5kg 감량에도 감지덕지했던 아내는 현재 약을 끊지 못하고 1년이 넘게 복용 중이라고 했습니다.

약물을 복용하면 잠을 이루지 못하고 짜증이 느는 아내를 견디기 어려웠던 남편은 아내에게 약을 끊을 것을 권유했다고 합니다. 하지만 요요가 올 것이 두려웠던 아내는 남편 몰래 약을 타서 복용했다고 합니다. '이제는 약을 안 먹으면 마치 카페인이 떨어진 커피 중독자처럼 기운도 없는 느낌이라고 하더라고요.' 남편의 하소연이었습니다.

흔히 알려진 식욕억제제들은 대부분 향정신성의약품입니다. 향정신성의약품은 사람의 중추신경계에 작용하는 것으로 이를 오용하거나 남용하는 경우 인체에 심각한 위해가 있다고 인정되는 물질이라고 정의합니다. 이런 식욕억제제의 경우는 식욕 중추를 억제하여 체중 감량에 도움을 주게 됩니다. 하지만 중추신경계에 직접 작용하는 만큼 부작용도 적지 않아 손떨림, 불면증, 불안감 등이 발생할 수 있습니다. 또한 약물에 의존하게 되는 경향도 발생할 수 있습니다. 따라서 이러한 약물들은 3개월 이상의 장기 복용은 금지하고 있습니다. 조금 쉽고 자극적으로 설명하자면 마약보다 조금 약한 약물이라고 생각하면 됩니다.

비만 클리닉을 운영하다 보면 이지은씨와 같은 경우는 많이 접하게 됩니다. 약물의 부작용을 알고 또 경험하면서도 체중 증가에 대한 두려움 때문에 약을 끊지 못하거나 원하는 체중에 도달하였지만 약물에 대한 의존이 생겨서 계속 처방을 받게 되는 경우들이 그것입니다. 요즘에는 전산으로 이러한 약물들의 처방 일수를 나라에서 관리를 해서 그나마 덜하지만, 과거에는 6개월, 길게는 3년이 넘도록 끊지 못하는 경우가 빈번했습니다.

비만은 과연 약물로 치료가 가능할까?

김민성씨를 돌려보내고 혼자 진료실에 남아 곰곰이 생각해 보았습니다. 그의 아내를 약물 중독에서 빼낼 수 있는 방법에 대해서 말이지요. 과연 비만을, 약물로 치료할 수 있을까요? 냉정하게 답변해 드리자면 현재까지의 의학으로는 그렇지 않다에 가깝습니다.

세균에 감염되면 항생제로 치료가 가능합니다. 바이러스에 걸리면 항바이러스제가 치료제이지요. 암에 걸려도 정도에 따라 수술로 완치가 가능합니다. 하지만 고혈압, 당뇨 등의 만성 질환은 아닙니다. 생활 습관의 개선으로 어느 정도 개선을 기대할 수 있지만, 거의 대부분은 약물에 의존해서 혈압, 혈당 수치를 조절하며 생활하게 됩니다. 약물을 끊으면 혈압 혈당은 다시 오르게 됩니다. 만성 질환에 완치를 바란다는 것은 현실적으로 어렵습니다. 비만도 마찬가지입니다. 약물을 통해 체중 조절은 가능하지만, 고혈압이나 당뇨환자와 마찬가지로 약물을 중단하면, 체중이 다시 증가할 위험이 존재합니다.

그나마 현재로서는 '삭센다', '큐시미아' 등의 미국 FDA에서 장기 사용을 허가받은 약물이 비만치료제로 불리기 적당합니다. '그나마'라는 수식어를 붙인 이유는 이 약물들이 비교적 최근에 개발되었으며, 장기 사용을 통한 검증은 아직 이루어지지 않았기 때문입니다. 과거에 비만 치료제라고 각광받으며 FDA 승인을 받은 수많은 약물들이, 몇 년 후 심각한 부작용 위험으로 퇴출당한 사례들을 보면 현재의 약물들도 완전히 안심할 수는 없다는 말입니다.

하지만 희망을 버리기엔 이릅니다. 시간이 흐르면서 기술은 나날이 발전하고 있으니까요. 과거에는 중추신경에 작용하여 식욕을 억제하는 약물이 대부분이었다면, 지금은 비만에 직접 관련된 조직을 타깃으로 하는 약물들이 개발되고 있습니다. (중추신경에 직접 작용하면 상대적으로 부작용의 확률이 높습니다. 불면증이나 신경질적인 감정, 손떨림 등의 부작용을 불러일으키지요. 지은 씨가 겪었던 사례들처럼 말입니다) 또 최근에는 비만 환자들의 행동 양식을 조정해 주는 방식으로 체중 감량을 돕는 '디지털 치료제'도 개발 중이라고 하는데요, 개인적으로 탄수화물 중독이나 섭식장애, 생활습관을 교정해 주는 데 많은 도움을 얻을 수 있지 않을까 싶어 하루 빨리 대중화되기를 기대하고 있습니다.

약물 자체의 문제뿐 아니라 비만 약물을 부정적인 시각으로 바라보는 이유는 위에서 언급한 대로 한 가지 더 있습니다. 바로 다이어터들이 가장 두려워하는 '요요 현상'을 불러일으키기 때문입니다. 효과가 있다고 전제했을 때 비만 치료제는 체중을 감소시킵니다. 이는 약물을 투약하는 행위 그 이상도, 이하도 아닌 딱 그만큼의 노력이면 충분합니다. 다른 생활습관의 개선 노력은 필요 없습니다.

여기서 문제는 생활 습관의 개선이 동반되지 않았기 때문에 임신이나 다른 질병의 이유로 혹여나 나중에 약물을 중단해야 하는 일이 생겼을 때 감량된 체중을 유지하기 어렵다는 것입니다. 정말 순식간에 원래 체중으로 돌아오는 자신을 발견할 수도 있습니다. 과거 리덕틸이 퇴출되었을 때 그야말로 '멘붕'이 온 여러 다이어터들을 많이 봐왔기 때문에 자신 있게 그런 위험성을 주장할 수 있습니다. 리덕틸은 2000년대 초반 선풍적인 인기를 끌었던 식욕 억제제입니다. 미국 FDA에서 인정했으니 의사들도, 그리고 환자들도 마음 놓고 복용했지요. 이 시대에 체중 조절에 관심 있던 사람이라면 이 약을 모를 수 없을 정도였습니다. 하지만 수년간의 영광을 뒤로하고 2010년도에 세계적으로 퇴출되고 말았는데요. 그 이유는 심혈관계 부작용의 위험성 때문이었습니다. 가장 커다란 최근의 이슈가 리덕틸이었을 뿐이지 비만을 위한 약물들 중에는 심각한 부작용으로 퇴출 된 사례가 최근까지도 꾸준히 있어 왔습니다.

결론은 이렇습니다. 체중 조절을 위한 동기부여 혹은 보조적인 도움의 수단으로써 약물은 도움 될 수 있지만, 완벽히 약물에 매달려서 체중을 감량하려는 경우는 추천하지 않습니다. 하지만 약물에 의한 감량이라도 반드시 필요한 비만 환자들은 앞서 언급한 FDA에서 장기 사용을 승인한 약물을 맞춤 처방받아 사용할 것을 권합니다. 지은씨 처럼 단기 사용 목적의 식욕억제제를 장기로 사용하지는 않기를 바랍니다. 머지않아 '위고비','마운자로' 같은 약들도 국내에 시판될 예정이라고 합니다. 이러한 약물들이 추후에는 비만극복의 하나의 열쇠가 되었으면 하는 바람도 있습니다.

처 방 의 약 품 의 명 칭	1회 투여량	1일 투여횟수	총 투약
비) 651902420 허이라제정 (비급여)	1	3	15
비) 651900530 명인디아제팜정2mg	0.5	2	15
비) 622802310 엠피온	2	1	15
비) 655605060 바이오탐디캡슐(내복)	1	1	15
054800260 토파엠정25mg	1	1	15
비) ZA00000169 카보컷트플러스	1	1	15
비) 안탁스캡슐(비급여)	1	1	15
비) 643504330 리피다운캡슐60mg	1	1	15
650300010 가나티란정	1	3	15
비) 644600230 마로엘정	0.5	2	15
비) 052400730 오베틴캡슐10mg	1	1	15
663601450 멕사드정75mg	1	2	15
비) 스벨트정	1	2	15

※ 환자의 요구가 있을 때에는 질병분류기호를 기재하지 아니합니다.

주사제 처방내역(원내조제 ☐ , 원외처방 ☐)

체중을 감량하고자 하는 개인의 열망을 악용하는 의사도 있습니다. 위에 처방전을 보시면 어떤 생각이 드시나요? '어떤 질환이길래 저렇게 많은 약을 먹나?'라는 생각이 제일 먼저 들것이라고 생각합니다. 실제로 아직까지 '살 빼는 약'이라는 명목하에 이런 처방을 내리는 병원이 있다고 합니다. 마치 문전성시를 이루는 은행처럼 번호표를 뽑고 순서를 기다리면 1분가량의 상담 후에 저런 처방전을 받을 수 있다고 합니다. 상담 시간도 짧은데도 불구하고 입증되지도 않은 약들을 폭탄처럼 퍼붓는 것은 같은 의사로서 도저히 용납할 수 없는 만행입니다.

제목 : 다이어트 하지마라!! 하지마세요!! 다이어트!!

지향해야 할 다이어트와 지양해야 할 다이어트 특집입니다!
단기간에 많이 빼려고 하는 무리한 다이어트보다 천천히 조
금씩 꾸준히 체중을 줄여나가는 건강한 다이어트

링크 : https://zrr.kr/moA6

지방흡입사례
Before & After

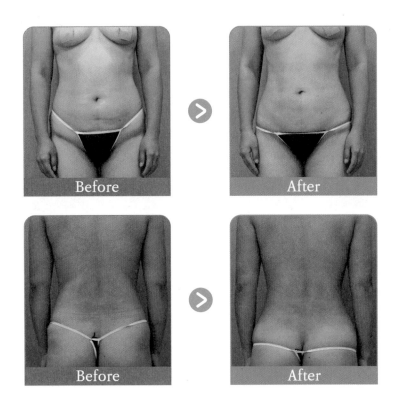

[수술부위] 복부 + 러브핸들

비교적 날씬한 경우에도 식욕억제제에 빠져서 헤어나오지를 못하는 경우도 많습니다. 약물에 의존성이 생긴 경우도 있지만 날씬하고자 하는 욕망에 식욕 억제제를 포기하지 못하는 경우 또한 많이 접할 수 있습니다. 이 환자처럼 복부에 대한 집착은 차라리 지방흡입으로 날려버리고 식욕억제제의 굴레에서 벗어나는 것이 오히려 건강한 방법일 수도 있습니다.

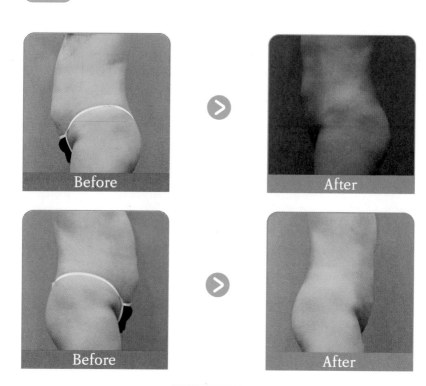

Before

After

Before

After

MEMO

01

사례로 알아보는 비만과 지방흡입 5

바디 프로필, 그 '도전'이 가져온 후폭풍

K - pop을 넘어 K - beauty 또한 세계로 뻗어나가는 추세라 외국인 손님의 내원은 이제 놀랍지 않습니다. 아시아인뿐만 아니라 보기 드물던 서양인들도 조금씩 모습을 보이고 있으니까요. 외국인들이 본원에서 가장 많이 받는 수술은 다름 아닌 '지방흡입술'입니다. 지방 흡입을 위해 우리나라를 찾는 외국인이 누적 226만 명을 넘어섰다고 하니, 정말 대단한 인기가 아닐 수 없습니다.

"원장님, 외국인이에요~!!"

이날도 한 외국인 손님이 찾아왔습니다. 다른 곳에 비해 옆구리 살과 복부가 유독 두드러졌던 그녀를 보고, 이 손님도 지방 흡입을 원해서 왔다는 생각이 들었습니다.

하지만 나의 예상은 살짝 빗겨나갔습니다. 복부를 제외한 다른 부위는 특별한 문제가 없었기 때문에 복부 지방 흡입을 원하시겠거니 생각했지만 이 외국인은 전신 지방 흡입을 원했습니다. 그녀의 말을 들어보니, 1

년 전에 6개월가량 PT로 운동을 해가며 바디 프로필까지 찍을 수 있을 정도의 몸매가 되었다고 했습니다. 하지만 혹독한 다이어트와 PT가 끝나고 나서는 3개월 만에 체중이 절반 이상 돌아왔고, 지금은 다이어트 시작 전보다 2kg이 더 증가되었다고 합니다. 현재도 체중은 증가 중이라고 했습니다.

올해로 30살을 맞이한 메기(가명) 씨는 한국에서 대학을 나와 현재는 연구원으로 재직 중인 외국인입니다. 비만은 아니었지만, 본국에서 봐왔던 여성들과는 달리 한국 여성들은 전부 마르고, 날씬해 자신과 괴리감이 느껴졌다고 했습니다. 미디어에 나오는 예쁘고 깡마른 아이돌, 그리고 핫플레이스만 가면 보이는 힙한 여성들이 그녀의 생각을 바꾼 것이지요. 그들에 비해 자기 자신이 뚱뚱하다고 생각하게끔 말입니다.

하지만 대학 생활 내내 학업에 집중하느라 다이어트 할 시간은 없었습니다. 학업을 마치고 직장 생활을 하면서 여유가 생기자 그제야 체중 관리에 관심이 가기 시작했습니다. 평소에 운동을 좋아했기 때문에 자신도 있었지요. 메기의 첫 목표는 늘 그녀를 괴롭히던 콤플렉스, 옆구리 살(러브핸들) 없애기였습니다. 그렇게 그녀는 PT를 시작하고 운동뿐만 아니라 식이도 조절하면서 프로 다이어터가 되었습니다. 블로그, 유튜브를 보면서 다이어트 지식도 늘려갔지요. 꾸준한 운동이 처음이라 그런지, 메기는 눈에 띄게 살이 빠지기 시작했는데요. 특히 톡 튀어나와 놀림당하던 아랫배가 선명한 복근으로 재탄생했습니다. 점점 자리 잡은 몸매에 욕심이 생긴 그녀는 '바디 프로필'로 목표를 수정했습니다. 그리고 6개월이라는 기간을 정해두고 관리했지요.

놀랍게도 결과는 대성공이었습니다! 하루도 빠짐없이 헬스장을 출석한 그녀는 6개월간 총 12kg을 감량했으니까요. 늘 괴롭히던 러브핸들이 완전히 사라지지는 않았지만, 그래도 만족스러운 결과였습니다. 바디 프로필까지 찍은 메기는 스스로가 대견하게 느껴졌고, 이전에 비해 자신감도 커졌다고 했습니다. 하지만 문제는 데드라인으로 잡아놓은 여름휴가 이후 상황이었습니다. 불과 3개월 만에 6kg이 돌아왔고, 점점 체중이 늘다 못해 이제는 다이어트 전보다 더 몸무게가 늘어났으니까요. 도대체 메기의 잘못은 무엇일까요?

바디프로필 촬영이 젊은이들 사이에서 유행처럼 번지고 있습니다. 하지만 그 이후에 찾아오는 후폭풍으로 고생하는 사람도 점점 늘어가고 있습니다. 몸짱이 되었는데 무슨 후폭풍이 올 수 있을까요? 지금부터 이 이야기를 해보겠습니다.

비만, 생활 습관 개선으로 극복하려면?

메기는 과연 자신이 이렇게 금방 다시 살이 찔 줄 알았다면 6개월간의 고난을 달게 받아들일 수 있었을까요? 메기의 생활 습관 개선은 거의 끝장 격이라고 할 수 있을 정도로 강도 높은 것이었습니다. 하지만 강도가 높다고 성공적이고 효과적인 다이어트라고 볼 수 없습니다. 메기의 첫 번째 잘못은 다이어트에 기간을 정해두고 시작했다는 점입니다. 두 번째는 너무 극단적인 식단 조절에 있었으며, 마지막은 엄청난 운동량에 있었습니다. 거꾸로 운동부터 이야기해 보겠습니다. 한 가지 예를 들어볼까요? 원래 운동을 좋아해서 매일 30분씩 운동하는 사람이 있습니다. 다이어트를 위해 식단 변화 없이 운동을 하루에 3시간으로 늘리기로 했습니다. 꾸준한 노력 덕에 3kg을 감량한 그녀, 목표 체중에 도달했기 때문에 평소의 하루 30분 운동으로 돌아왔습니다. 아무래도 하루 3시간씩 운동하는 것은 무리였으니까요. 과연 그 결과는 어땠을까요? 비록 꾸준히 '운동'을 했다고 하지만, 3시간씩 했었던 때의 체중이 유지될 수는 없습니다. 매일 2시간 30분만큼 운동을 추가한 결과가 3kg 감량의 열매로 다가왔다면 그 운동이 사라졌으므로 열매 또한 사라질 것이기 때문이지요. 이 여성은 결국 요요를 경험하게 되었습니다. 메기 역시 같은 결과를 맞이했고요.

식습관도 마찬가지입니다. 평소 아침 대신 단백질 셰이크를 즐겨 먹었던 메기는 다이어트 시작 후에도 셰이크를 섭취했습니다. 이상적이진 않지만 여기까진 괜찮습니다. 다만 보디 프로필을 준비하던 기간에는 점심저녁 모두 닭 가슴살 샐러드, 방울토마토, 고구마 등으로 구성된 극단적 다이어트식이를 진행했습니다. 이렇게 먹는 식단이 별로 극단적이지 않았다고 생각할 수 있는데요, 아무리 매일 세 끼를 꼬박 챙겼다 해도 메기가 섭취한 칼로리는 약 800칼로리밖에 되지 않았고, 이는 극단적인 초저열량 다이어트였습니다. 초저열량 다이어트란 하루에 섭취하는 열량이 800kcal 미만인 식이요법을 말합니다. 체중 감량 효과는 분명히 있지만 영양 불균형 및 기초 대사량 감소, 근 손실 등의 부작용 위험이 있어 의료진의 면밀한 모니터링이 필요한 방법이며 일반적인 경우에서는 권장하지 않습니다.

이렇게 저열량 혹은 초저열량 다이어트를 시행한 뒤, 다시 평소의 식단으로 돌아가면 어떻게 될까요? 당연히 일정 기간에 걸쳐서 원래의 체중으로 돌아올게 뻔합니다. 기초 대사량이 감소하였을 경우는 원래의 체중 이상으로 증가할 위험도 존재합니다. 메기는 이 점을 간과한 것이고요. 그녀는 체중이 다시 늘자 과거에 성공했던 자신감으로 다시 체중 조절을 시도했습니다. 그러나 예전만큼 조절은 쉽지 않았고, 결국 과거에 했던 방식의 다이어트는 포기해야만 했습니다. 정말 성공적인 체중 감량과 감량 후 유지를 원한다면 두 가지 단어를 꼭 기억해야 합니다. '점진적'과 '지속성'입니다. 빠른 속도의 체중 감량보다는 올바른 생활습관을 지속적으로 유지해서 조금씩 체중의 변화를 유도해 가야만 한다는 것입니다.

메기뿐 아니라 요즘 유행하는 바디프로필 촬영 이후 후폭풍에 시달리는 사람들이 많이 생겨나고 있습니다. 이런 사람들은 과도한 운동량과 과격한 칼로리 제한을 실행하다가 사진 촬영 후에 밀려오는 만족감과 식욕을 이기지 못하고 체중이 갑자기 증가하는 경우가 대부분입니다. 인생 최저 체중을 찍고 몇 개월 못 가서 인생 최고 체중을 찍게 되는 것이죠. 점진적이지 않고 지속 가능하지도 않은 생활 습관 개선의 결과는 요요뿐입니다.

메기와 나는 체중 감량과 체형 교정 상담을 진행했습니다. 그리고 생활 습관 개선의 목표를 체중 감량이 아닌 현재의 건강한 체중 유지에 두기로 결정했습니다. 물론 어렵지 않고 지속 가능한 방법을 모색했습니다. 지긋지긋한 러브핸들은 어떻게 되었냐고요? 지독한 다이어트 대신 약 40분간의 수면마취를 통한 지방 흡입으로 러브핸들의 지방을 날려 보냈습니다.

생활 습관 개선이 비만을 관리하는데 가장 쉬운 방법이라고는 할 수 없습니다. 새해를 맞이하여 아침형 인간이 되기, 매일 30분씩 운동하기 등의 새로운 습관 형성에 실패한 경험 한 번쯤은 있을 것입니다. 그만큼 무언가를 습관으로 만들기까지는 많은 어려움이 존재합니다. 하지만 한 번 습관이 들면 이것은 비만 탈출을 향한 가장 확실하고 지속 가능한 방법이 될 수 있습니다.(그렇기 때문에 강한 동기부여를 지속적으로 이야기하는 것입니다.) 습관의 사전적 의미는 어떠한 행위를 오랫동안 되풀이하는 과정에서 저절로 익혀진 행동 방식을 뜻하는데요, 이 사전적 의미안에서는 지속성, 힘들지 않음, 자연스러운 행동 유도 등이 내포되어 있습니다. 한 마디로 생활습관을 교정하는 과정은 어렵고 험난할 수 있지만 습관이 되고 난 후의 교정된 생활 패턴은 힘들다고 느껴서는 안 된다는 말입니다. 자연스럽게 유지가 되어야 할 것입니다. 마치 잠자리 들기 전에 화장실에 들르는 것, 식사 후에 양치를 하는 것 같이 말입니다.

결국 제가 하고 싶은 이야기는 이렇습니다. 여러 악조건 속에서도 비만은 생활습관으로 치료가 가능합니다. 그리고 그것은 점진적이며 지속 가능해야 합니다. 이것은 지방 흡입을 받은 환자들에게도 해당되는 이야기입니다. 굳이 감량하는 것이 아닌 현재 체중만 유지해도 수술 부위가 울퉁불퉁해지거나 체형이 보기 좋지 않게 나빠지는 불상사를 예방할 수 있습니다. 지방 흡입 후 2-3kg의 체중 변화는 별 영향이 없지만 10kg 이상의 체중 변화는 수술 부위의 요철, 보기 좋지 않은 체형이라는 결과를 가져올 수 있습니다.

생활 습관 개선의 큰 원칙은 아주 간단합니다. 에너지 밸런스를 깨트려야 하는데, 칼로리 섭취를 덜 하고 하루 열량 소모량을 늘리면 되니까요.

하지만 간단해 보여도 막상 이루어 내기는 결코 쉽지 않습니다. 우리 몸은 항상성을 유지하려는 경향이 있습니다. 그것도 매우 고집스럽게 말입니다. 항상성이란 몸이 판단하는 일정함을 유지하려는 것입니다. 체온, 몸 안의 전해질, 혈당, 혈압, 체중 등이 해당됩니다. 이 때문에 체중이 줄면 배고픔 신호를 강화하고 몸의 대사를 느리게 만듭니다. 체중의 감소가 몸의 항상성을 건드린 것이지요.

이러한 이유로 요요는 허무할 정도로 쉽게 발생하게 됩니다. 이 항상성의 기준점을 바꾸는 데에는 체중을 감량한 후에 수개월에서 수년의 체중 유지가 필요합니다.(여기서 점진적, 지속가능성의 이유가 또 나오네요!) 습관 개선의 어려움, 항상성 외에도 다이어트의 적은 또 있습니다. 그것은 다양하고 맛있는 음식을 탐하고자 하는 인간의 유전자입니다. 인간은 기근을 대비해 정해진 음식만 먹는 게 아닌 다양한 음식을 먹을 수 있게끔 미각이 진화해 왔습니다. 그 덕분에 뇌는 더욱 커지고 인류는 번성할 수 있게 되었지요. 이러한 유전적 성향이 새롭고 맛있는 음식을 찾아 헤매는 우리의 성향을 만들었을 지도 모릅니다. 정말 비만 탈출은 멀고도 험합니다.

그래도 나에게는 다이어트에 성공한 환자들이 있습니다. (물론 실패한 환자도 있겠지요) 의학적 지식과 그들의 성공한 비결을 살펴보자면 다이어트에 대한 답을 찾을 수 있습니다. 바로 '무리하게 목표 세우지 않기' '생활습관 개선하기' '강력한 동기부여 갖기'입니다. 일반적으로 다이어트에서 시행되고 있는 높은 목표와 빠듯한 기간 설정은 일 순위로 제거되어야 합니다. 목표는 생각보다 작게 잡아야 실패하지 않을 수 있기 때문이지요. 다이어트는 기한 없이 지속적으로 수행되어야 하며, 힘들지 않아야 합니다. 지금 우리는 어떤 방식으로 다이어트를 하고 있는지 한 번 뒤돌아 볼 필요가 있습니다.

우리에게 알려진 지방 흡입은 탄력 있고 매끄러운 그래서 모두가 꿈 꿔 왔을 법한 매력적인 육체를 뽐내는 미용 시술의 하나로 한몫하고 있습니다. 건강의 기능보다는 미용 시술이라는 수식어가 더 어울리는 이 지방 흡입은 날씬한 몸매의 수요가 늘어나는 이 시대에 가장 인기 있고 떠오르는 시술로 자리 잡은 것입니다. 나는 이 시술을 비만 탈출을 위한 생활 습관을 개선하려 하는 동기부여라는 목적으로 사용하고 싶은 것이고요.

01

사례로 알아보는 비만과 지방흡입 6

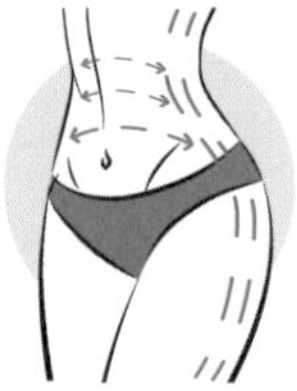

위밴드 수술에 실패한 예림씨의 다시 일어서기

민예림(가명)씨는 34세 여성입니다. 몇 년 전까지 165cm가 넘는 키에 70kg 가까운 체중을 가지고 있었습니다. 큰 키 덕에 그렇게 살이 쪄 보이지는 않지만 20대 초반의 날씬했던 자신을 기억하자면 우울감이 밀려왔습니다. 각종 비만 약물들로 문제를 해결하려 하였지만 효과는 그때뿐. 약물로 줄어든 체중은 성난 용수철처럼 튀어오르기를 반복했습니다. 절망에 점점 빠져들고 있을 때 즈음 방송을 통해 위밴드 수술이라는 것을 접하게 되었습니다. 억지로 위를 작게 만들어 준다고 하니 왠지 적게 먹을 수 있을 것 같은 생각이 들었습니다. 순간 희망이 보였습니다.

그 길로 바로 위에 밴드를 채우는 수술을 받았습니다. 하지만 기대감도 잠시. 위는 밴드로 인해 더 이상 늘어날 수는 없었지만 식욕은 전혀 억제가 되지 않았습니다. 수술 직후에는 적게 먹는 노력을 통해 체중이 감소하는 듯 싶었지만 머릿속에서는 먹고 싶은 음식들 생각으로 꽉 차있는 상태였습니다. 결국 먹고 싶은 대로 먹고 토하는 상황을 반복했습니다. (위에 밴드가 위가 팽창하지 못하도록 막기 때문에 일정량 이상 음식을 섭취하면 토하기 쉽게 됩니다) 먹다가 토하고 다시 먹기를 반복하니 이대로는 안 될 것 같은 생각이 들었습니다. 오히려 정서적으로도 문제가 될 것 같아 겁이 났습니다. 결국 얼마 지나지 않아 예림씨는 어렵게 장착한 위밴드를 제거하고야 말았습니다.

내가 민예림씨를 만난 것은 위밴드를 제거한 후 몇 년이 지나고 나서입니다. 체중도 75kg 상태였습니다. 담담하게 자신의 위 밴드 사연을 이야기 해주는 예림씨를 보면서 상담의 방향을 잡았습니다. 다소 의지가 꺾여보이는 예림씨는 어떤 시술, 수술을 받든 간에 자신의 20대 초반의 50kg대의 체중을 다시 만들고 싶은 마음이 간절했습니다. 하지만 식욕도 강한 편이어서 먹고 싶은 게 있으면 당장 먹어야 성미가 풀렸습니다. 다행인 것은 운동을 좋아해서 순환운동 짐을 규칙적으로 다닌다는 점이었습니다. (적어도 근육량은 어느 정도 유지되었을 것이란 희망이 있었습니다)

우선 예림씨에게는 과거의 날씬한 몸매에 대한 강박과 그로 인해서 생기는 음식물 섭취를 억누르려 하는 심리를 해결해야 했습니다. 자신의 현재 체중인 75kg과 이상 체중인 56kg의 사이에서 합의를 보라고 권유했습니다. (보통 여기서 나는 중간점인 65kg을 권하지 않습니다. 당장은 70kg을 목표로 하자고 권하는 편입니다) 그리고 억압된 식욕에 대한 문제도 해결해 나가기로 했습니다. 미용사인 예림씨는 아침 점심을 거르는 일이 다반사였고 그로 인해 저녁에는 식욕이 폭발하는 경향이 있었습니다. 다이어트를 마음 먹으면 아침 점심을 챙겨 먹는 것보다는 저녁을 적게 먹으려 하였으니 몸에서 불만이 이만저만이 아니었을 것입니다. 예림씨에게는 규칙적인 식사와 아침과 점심을 충분히 먹어줄 것을 권하였습니다. 그래야 식욕이 폭발하는 저녁식사를 막을 수 있으니까요. 나아가서는 저녁을 줄이는 최종 목적에 도달할 수 있습니다. 다행히 과거와 달리 미용실에서 어느 정도 경력이 올라간 예림씨는 식사를 위해 짬을 낼 수 있는 위치에 있다고 했습니다.

그런 후에 나는 비장의 카드를 내밀었습다. 바로 지방흡입입니다. 체중에 대한 집착을 버리기로 합의를 본 대신에 예림씨의 가장 큰 고민거리인 허벅지의 지방을 제거하기로 약속했습니다. 10kg 감량해도 갖지 못할 날씬한 허벅지를 주겠다고, 그러니 10 ~ 20kg의 체중 감량은 잊어버리라고 회유했습니다. (이에 대해서는 설명할 것이 많습니다. 누구나 지방흡입을 한다고 해서 10kg의 체중 감량이 된 허벅지를 갖는 것은 아니니 오해 마시길!) 다행히 민예림씨도 여러가지 실패에 어느 정도 마음이 정리가 된 건지 나의 다이어트 방향에 동의해 주었고 허벅지 지방흡입을 받기로 했습니다.

운동은 자신이 즐거워하는 순환운동을 규칙적으로, 중단하지 않고 즐기도록 했습니다. 근육운동은 근육량을 늘려 기초대사를 높이고 유산소운동은 지방을 연소시킵니다. 순환운동은 둘 모두에 효과가 있으니 운동면에서는 내가 교정할 것은 없었습니다.

결과는 어땠을까요? 3개월이 지나도 민예림씨는 결국 목표 체중인 70kg에 도달하지는 못했습니다. 대신 3kg이 감량되는 데에 그쳤습니다. 하지만 실패라고 봐야 할까요? 규칙적인 식사를 하게 된 예림씨는 전보다 훨씬 활력 있어졌고 과거에 경험했던 저녁마다 몰려오는 폭식 증상도 눈에 띄게 줄어들었다고 했습니다. 날씬해진 허벅지 덕에 자신감도 어느 정도 올라왔다고 하네요. 이대로 계속하면 체중은 더 줄 수 있을 것 같다고 말했습니다.

맞습니다. 3개월간 3kg감량에 그쳤어도 그 결과 자체가 중요한 것이 아닙니다. 예림씨는 훨씬 건강해졌고 훨씬 음식에 대한 집착이 줄었으며, 앞으로 장기적으로 봤을 때 체중이 더 줄 수 있다는 가능성을 보았습니다. 실제로 현재의 노력을 계속한다면 체중은 점차 더 줄 것으로 확신합니다. 가장 중요한 포인트는 예림씨의 삶 자체가 긍정적으로 변한 것입니다. 나는 단지 예림씨의 의지력에 강한 동기부여만 해주었을 뿐입니다.

비만, 대사 수술로 치료가 가능할까?

비만 치료의 순서는 이렇습니다. 우선 생활 습관 개선을 통한 체중 감량을 시도하고, 이를 평가해 결과가 좋지 않을 경우 약물의 도움을 받습니다. 하지만 이마저도 순탄치 않으면 비만 대사 수술을 고려하게 됩니다. 2019년 무렵 비만대사수술이 건강보험으로 적용되기 시작했습니다. 이는 비만이 사회적 문제임을 인정하는 동시에, 비만대사수술의 효과도 인정하는 결과였습니다. 어떻게 보면 대사 수술이 최후의 보루라고 볼 수 있지만 그 결과는 만족스럽지 못할 확률이 존재합니다. 수술을 받은 약 20%의 환자가 만족스럽지 못한 체중 감량 결과를 얻는다는 통계 결과만 봐도 알 수 있습니다.

음식물에 대한 중독 문제나, 마인드 세팅, 생활 습관 개선의 노력 없이 수술만 받는다면 실패할 위험은 더욱 커집니다. 비만 대사 수술의 전문가는 최소 4년 이상 개인의 기초대사량 이하의 칼로리를 섭취해야 요요가 오지 않는 체질로 바뀐다고 주장했습니다. 결국 대사 수술은 이러한 칼로리 제한을 수술적 방법을 통해 강제하는 방법입니다. 그래서 수술 후에도 스스로의 노력은 반드시 필요한 것입니다. 제가 생활습관 개선에 목메는 이유도 바로 이것 때문입니다. 대사 수술이 반드시 필요한 환자는 수술을 받아야 하겠지만, 만약 수술 없이 칼로리 제한만 가능하다면 위험부담을 안고 대사수술을 받을 필요가 없어질 테니까요.

지방흡입하면 다이어트 끝???

　지방흡입 후에는 더이상 체중관리에 신경을 쓰지 않아도 될까요? 여기서 체중이 감소할 때 근육이 줄어든다는 이야기는 자연스러운 근손실을 이야기하는 것이지 과도한 다이어트로 인한 건강하지 않은 근손실을 의미 하는 것은 아닙니다.

링크 : https://c11.kr/1bxu4

지방흡입사례
Before & After

수술부위 복부 + 치구

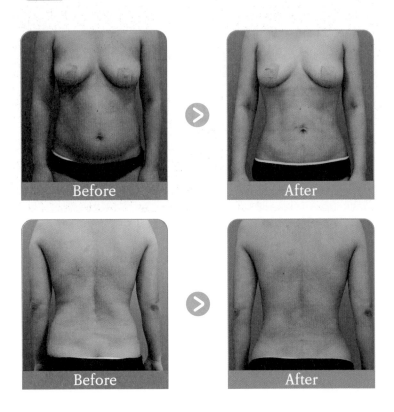

Before > After

Before > After

●● 언제나 그래야 하겠지만 상대적으로 날씬한 경우에는 환자의 니즈를 정확히 파악해야 합니다. 그래야 의사소통 부족으로 인한 불만족을 줄일 수 있습니다. 위의 케이스는 최대한 잘록한 허리라인을 원한 경우였고 그것이 가능했기 때문에 만족으로 이어질 수 있었습니다.

팔 + 겨드랑이 + 부유방

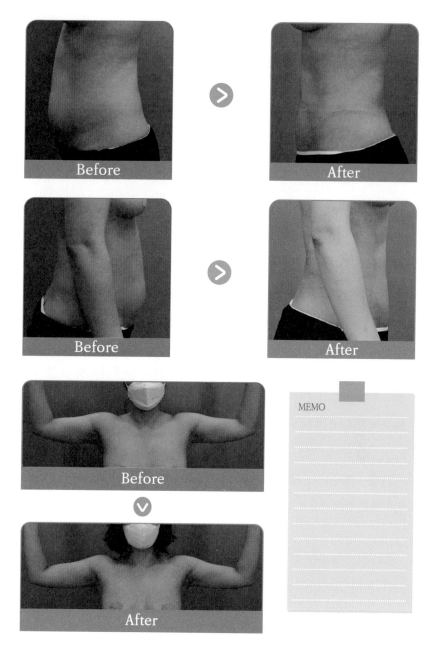

사례로 알아보는 비만과 지방흡입 7

지방흡입으로 5년 된
섭식장애를 극복한 그녀

김지희(가명) 씨는 160cm의 키에 70kg에 가까운 체중을 가지고 있는 환자입니다. 지희 씨가 처음 병원에 내원했을 때부터 나는 시술의 성공보다는 그녀 삶의 동기부여가 되어주겠다고 다짐했습니다. 그녀는 그동안 방문했던 환자들에 비해 우울감과 음식에 대한 집착이 아주 큰 상태였기 때문입니다. 그녀의 말에 의하자면 아침에 일어나서 잠이 들 때까지 머릿속에 온통 먹고 싶은 음식들로 가득 차 있을 정도라고 했으니까요.

"일할 때 먹을 시간이 없으니까 일하는 내내 먹을 거 생각밖에 안 해요. 같이 일하는 동료들하고도 주로 맛집 얘기가 대부분이에요. 그러다 퇴근하면 미친 듯이 먹는 거죠."

"그래서 병원을 찾게 되었어요. 이제는 자포자기하는 심정으로 지방 흡입이라도 받으려고요."

지희 씨가 병원을 찾은 이유는 다름 아닌 저녁 시간의 폭식 때문이었습니다. 비록 그녀는 고도 비만은 아니었지만 직장 생활을 하기 전에 날씬했던 자신을 생각하면 우울감에 빠지게 된다고 했습니다.

　우선 그녀의 생활습관부터 알아보기 위해, 먼저 그녀의 생활 루틴부터 들어봤습니다. 지희씨는 콜센터에서 근무하는 직장인이었습니다. 감정노동자는 스트레스가 많습니다. 게다가 밤에도 응대를 할 필요가 있기 때문에 당직제도가 있었고 이로 인해 불규칙한 생활이 계속되었습니다. 출근 시간 때문에 아침은 거르고, 점심은 회사에서 해결했으며 보통 퇴근 후 저녁을 거나하게 먹었습니다. 그게 유일한 스트레스 해소 방법이었습니다. 체중을 조절하고자 하는 강박적인 생각 때문에 점심을 거르거나 방울토마토 같은 저칼로리 음식들로 때우는 경우도 많았습니다. 결국 이러한 패턴은 간간히 저녁식사를 무리하게 먹는 폭식으로 이어지게 됐습니다. 날씬하기 위해 참아야 하지만 어쩔 수 없이 폭식을 한 후에는 자괴감, 우울감이 밀려왔을 것이 분명했습니다. 이러한 패턴으로 보아 그녀는 폭식 장애가 있다고 판단되었습니다. 이러한 증상은 체중이 늘면서 시작되었고, 그 때가 직장생활을 시작한지 6개월쯤 지난 시점이라고 했습니다. 여러 원인으로 인한 체중의 증가를 해결하려 식욕을 억누른 결과 폭식이라는 결과를 낳게 되었던 것입니다. 결국 지금의 체중에 이르게 되었고요.

　이렇게 5년여의 기간 동안 체중증가와 폭식 그리고 다이어트로 이어지는 악순환이 계속되었고 다이어트에는 식욕억제제, 다이어트 한약, PT, 건강보조식품 등 써 보지 않은 방법이 없었습니다. 이런 지희 씨를 보면서 상담의 방향을 '동기부여'로 잡을 수밖에 없었습니다. 다이어트에 지칠 대로 지친 그리고 여러 시술과 약물들에 실망을 거듭한 환자들은 따뜻한 용기와 희망, 그를 통한 동기부여가 절실히 필요합니다. 스스로의 마음을 일으켜 세워야 올바른 생활습관으로의 전환이 가능하니까요. 게다가 섭식장애는 재발이 잦기 때문에 꺾이지 않는 마음이 매우 중요합니다.

우선 지희씨의 체중에 대한 집착을 줄여주기 위해 가장 신경 쓰이는 신체 부위를 확인했습니다. 어릴 때부터 날씬한 다리를 자랑했던 그녀는 현재도 통통하지만 예쁜 다리를 가지고 있었습니다. 하지만 체중의 증가는 허벅지의 변화도 막을 수는 없었고, 과거의 예쁜 다리를 기억하는 지희씨는 지금의 통통한 다리에 엄청난 컴플렉스를 가지게 되었습니다. 이에 나는 허벅지의 지방을 줄여줄 것을 약속하고 대신 당분간은 체중을 줄이는 것이 아닌 규칙적인 삶의 패턴과 스트레스를 컨트롤하는 데에 집중할 것을 주문했습니다. 체중 감량은 폭식의 욕구가 어느 정도 컨트롤이 되고 나서 시행해도 늦지 않으니까요. 생활 습관의 개선과 함께 폭식 증상을 줄여줄 수 있는 약물도 같이 처방했습니다. 물론 위로와 용기의 처방도 잊지 않았습니다.

허벅지 지방흡입을 통해 어느 정도 컴플렉스를 해결한 지희씨는 내가 원하는 대로 동기부여가 되었는지 내친김에 건강한 생활 습관으로의 전환을 시도했습니다. 현재는 체중 감량을 목표로 하지 않기 때문에 집에 있는 체중계도 장롱으로 자리를 옮겼습니다. 식욕이 지희씨를 괴롭히는 날이 없지는 않지만 이전 5년에 비해 그 빈도가 많이 줄었다고 했습니다. 아직 끝난 것은 아닙니다. 그녀는 궁극적으로 체중 감량을 원하고 있고, 앞서 언급했듯이 폭식 장애는 언제든 다시 심해질 위험이 존재합니다. 우리는 함께 폭식 장애를 잘 달래가면서 궁극적으로는 체중을 감량해 나갈 것입니다. 그리고 어느 시점에서는 지희씨가 없애고 싶어하는 두 번째 컴플렉스인 똥뱃살도 해결해 나갈 계획입니다. 하지만 서두르지 않을 것입니다. 집착에 빠지는 순간 지방흡입으로 얻은 다시 일어설 용기도, 잘 달래서 눌러 놓은 식욕도 다 무위로 돌아갈 것이 분명하기 때문입니다.

지방흡입은 강력한 동기 부여가 될 수 있다!

앞서 건강보험이 적용된다는 '비만 대사 수술'을 언급했습니다. 그렇다면 또 다른 형태인 비만 수술, 지방 흡입은 과연 보험이 적용될까요? 아쉽지만 그렇지 않습니다. 미용적 효과 외에 질병을 개선하는 효과를 인정받지 못했기 때문입니다. 하지만 나는 직접적인 효과는 차치하고, 지방 흡입이 비만 환자들에게 줄 수 있는 이차적인 효과에 주목하고 있습니다. 아니, 집착하고 있다는 말이 더 어울리겠네요. 감히 약물치료, 비만대사 치료와 맞짱을 떠서도 밀리지 않는다고 자부하니까요. 다음의 이야기를 듣는다면 백 퍼센트는 아니어도, 어느 정도 수긍이 되리라고 믿습니다.

비만 치료의 목표점은 어디라고 생각하시나요? 160cm에 70kg인 지희 씨가 정상 체중인 55kg가 되는 것? 그렇다면 너무 이상적이고 좋겠지만, 의학적 관점에서 비만 치료의 골은 현재 체중의 10% 정도를 감량하는 데에 있습니다. 80kg라면 약 8kg 정도의 감량인 셈이지요. 의학적으로만 본다면 10%의 체중 감소가 가져다주는 건강의 효과는 드라마틱 합니다. 대사 증후군을 감소시키며, 혈압을 떨어트리고 중성지방의 감소, 공복 혈당 감소, 당뇨병 등 다양한 질병들까지 해결해 주는 효과를 볼 수 있기 때문이지요. 하지만 고도 비만 환자들에게 10kg 감량은 다소 실망스러운 수치라고 느껴질 수 있습니다. 의사인 나도 비만 환자들에게 10%의 체중 감량에 만족하라고 말하기 어려우니까요.

　그렇기 때문에 체중 감량을 위한 강력한 동기 부여를 하기 위한 하나의
무기로 지방 흡입을 내세우는 것입니다. 피하지방은 내장 지방과 달리 체
중 감량에 빠르게 반응하지 않습니다. 따라서 미용 목적으로 체중을 감량
하여도 2 ~ 3kg 가지고는 피하지방이 꿈쩍하지 않는 것처럼 느껴질 수
있지요. 하지만 지방 흡입을 하게 되면 이야기가 달라집니다. 수술받은
부위가 가지고 있는 피하 지방량에 따라 10kg 정도까지 체중이 줄은 것
같은 효과를 볼 수 있기 때문입니다. 고도 비만은 그 이상의 결과도 가능
하지요. (정상 체중의 경우, 5 ~ 10kg 감량 효과가 가장 일반적입니다) 그래서
지방 흡입이 필요한 것입니다. 다이어트 없이 불균형한 신체 부위의 지방
을 제거해 의도하지 않은 부분의 볼륨 감소를 최소화하면서 원하는 체형
을 얻을 수 있으니까요. 가장 많은 시술이 이루어지는 허벅지를 예로 들
어보겠습니다. 호르몬 역할 뿐 아니라 일반적으로 여성은 성장기에 엉덩
이, 허벅지 부위의 지방 축적이 잘되도록 단백질 분해 효소가 많이 활성
되어 있습니다. 쉽게 말해 성장기의 여성은 엉덩이 허벅지 살이 잘 찐다
는 말입니다. 그뿐만 아니라 수유기를 제외한 시기의 여성 허벅지는 지방
분해 자극에도 잘 반응하지 않습니다. 이 역시 태생적인 수용체의 문제입
니다. 노력으로 바꾸기는 불가능합니다.

　아마 혹독한 다이어트를 치렀어도 여러분들의 허벅지와 엉덩이 살이 그
대로인 이유는 바로 여기에 있을 것입니다. 한마디로 허벅지, 엉덩이 살
은 잘 찌고 다이어트에도 가장 늦게 반응합니다. 따라서 다이어트의 부작
용을 최소화하면서 체형을 가꿀 수 있도록 지방 흡입을 권하는 것입니다.

나는 생활 습관 개선에 지방 흡입을 접목시킨다면 시너지 효과가 난다는 것을 굳게 믿습니다. 10kg 감량은 여러분이, 그리고 특정 부위의 추가적인 10kg 감량 효과는 제가 하면서 도합 20kg를 감량하는 효과를 노려보자는 것입니다. 이것이 원하는 체형을 가지면서 건강도 챙길 수 있는 방법이라 믿습니다. 이렇게 하면 장기적으로도 더욱 건강하고 행복한 삶을 누릴 수 있을 것이라 확신합니다.

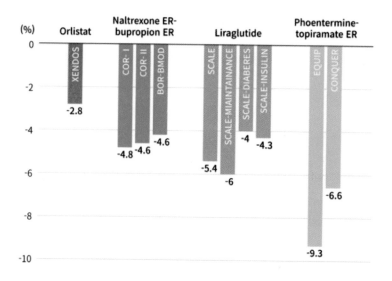

〈출처 대한 비만학회〉

●● 대한 비만학회에서 정리한 비만 약들의 효과를 보면 대부분의 약들도 10% 미만의 체중 감량 효과를 보인다는 것을 알 수 있습니다. 이런 10% 미만의 체중 감량 효과도 대단한 것이 분명하지만, 이제 우리는 이 정도의 감량 수치와 방법은 우스워 보일 것입니다. 이보다 더 획기적인 방법이 있다는 것을 알고 있으니까요.

그렇다면 어떤 병원에서 지방흡입을 받아야 할까?

모든 미용 시술이 그렇지만 당연히 지방 흡입도 기술적 숙련도와 미적 감각이 바탕이 되어 줘야 합니다. 둘 다 타고나면 좋겠지요. 하지만 타고나지 않은 사람도 노력을 통해 실력을 발전시킬 수 있습니다. 1만 시간의 법칙이라고 했던가요? 하루도 빠짐없이 매일 3시간, 10년을 노력해야 그 분야의 전문가가 된다는 법칙을 뜻합니다. 하지만 그만큼의 경력을 가진 사람은 흔하지 않습니다. 지방 흡입 측면에서 나는 최소 3년 이상의 경험이 쌓여야 어느 정도 경력을 쌓았다고 생각합니다. 지방 흡입은 보통 짧게는 3개월, 길게는 12개월까지도 지켜봐야 결과를 알 수 있으며 재수술을 계획했다면 첫 수술 후 12개월 후까지 지켜보는 게 적당합니다. 한 환자를 수술하고, 경과를 보고 또한 재수술까지 계획하는 시간까지 대략 2~3년은 필요하다는 뜻입니다. 따라서 적어도 3년 이상 경험이 쌓인 의사를 찾아야 어느 정도 안심할 수 있을 것입니다.

의사의 숙련도와 더불어 확인해 봐야 할 것은 바로 수술받는 병원의 철학과 태도입니다. 호텔급 서비스를 제공하는지 확인해 보라는 뜻이 아닙니다. 다소 질박한 서비스라도 원칙을 지키는지, 환자의 중심의 서비스인지를 지켜보아야 한다는 말입니다. 간혹 수술 전까지는 서비스가 매우 좋았는데, 수술이 끝나고 나서는 회복실에 혼자 버려진 느낌을 받는 경우가 있다고 합니다. 수술 후 회복 시간 동안은 낙상 등의 여러 문제가 발생하기 쉽기 때문에 환자를 방치하듯이 두면 안 됩니다. 또 수술 후의 크고 작은 문제들을 나 몰라라 하는 경우도 종종 있습니다. 수술만 끝나면 다라는 생각은 뒷맛이 씁쓸합니다. 우리 병원도 물론 이러한 평가에서 자유로

울 수는 없습니다. 원칙을 지키고, 환자 중심의 진료를 진행하더라도 환자의 주관적인 기대와 다를 수 있기 때문이지요. 그래서 우리는 늘 노력해야 하고, 여러분들은 그 노력의 모습을 잘 확인해야 합니다. 그 피드백을 병원은 겸허히 수용해야 하고요. 안전과 만족스러운 결과물은 원칙에서 나오기 때문입니다.

정리하자면 경력이 풍부하고 원칙을 지키는 병원에서 지방 흡입을 받아야 합니다. 하지만 의료분야는 정보의 비대칭이 너무나 심합니다. 환자들이 알아야 할 정보는 제한적이기 때문에 인터넷에 떠도는 전후 사진과 후기들에 기댈 수밖에 없는 현실입니다. 이럴 때 도움이 될 만한 팁을 하나 드리자면, 눈에 띄는 전후 사진으로 혹은 지방량으로 한 병원의 실력을 가늠하지 말라는 것입니다. 아무리 환자가 직접 작성한 후기 혹은 전후 사진이라고 하여도 객관적이지 않을 가능성이 높습니다. 이유는 잘 모르겠지만 인터넷에 자신의 결과를 자랑스럽게 올리려 할 때에 사실보다는 감정적인 측면으로 접근을 하는 것 같습니다. SNS에 자신의 가장 예쁜 모습을 올리고 싶어 하는 마음과 비슷한 걸지도 모르겠습니다. 게다가 애초에 전후 사진은 각각 개인의 것입니다. 타인의 전후가 매우 보기 좋다고 자신에게 동일한 결과가 있을 거라는 생각은 위험합니다. 개개인의 지방량, 근육량, 내장지방 상태, 피부 탄력은 다 다르기 때문입니다. 그리고 흡입된 지방량 또한 마찬가지입니다. 병원에서 부풀려서 설명하거나 아니면 환자 본인이 부풀려서 글을 올리는 경우도 종종 있습니다.

그렇기 때문에 위 두 가지 요소로 병원을 선정한다면 기대와 다른 결과에 실망할 수 있습니다. 그렇다면 어떤 정보를 주의해서 보아야 할까요?

쉽지는 않겠지만 어떤 인상의 병원이었는지, 그 병원에 대한 후기가 최근에만 올라오는지 아니면 몇 년 전부터 평가를 받던 병원인지, 혹시 부작용의 사례가 있는지, 있었다면 어떤 식으로 해결을 보았는지 등을 면밀히 보아야 할 것입니다. 마지막으로 지나친 칭찬 후기와 악평은 일단 빼고 그 중간의 후기만 보세요. 다이빙 경기에서 심판의 가장 높은 점수와 가장 낮은 점수를 제외하고 나머지 점수로 계산을 하는 것과 비슷한 이치입니다.

7번 사례자 수술
Before & After

수술부위 허벅지

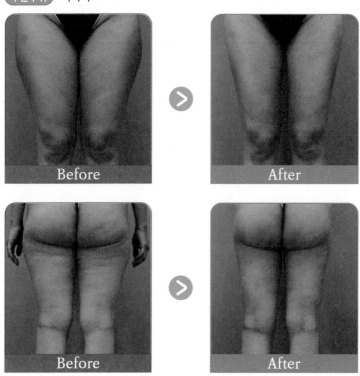

Before

After

Before

After

● 지희씨의 비틀어진 식습관 교정을 위해서 지방흡입의 결과는 반드시 좋아야 한다는 부담이 있었던 수술이었습니다. 다행히 허벅지의 근육량이 많다거나 하는 부정적인 요소가 존재하지 않아서 좋은 결과를 끌어낼 수 있었습니다. 사실 정신과 영역인 섭식장애를 지방흡입을 통해서 해결한다는 생각은 자칫 위험할 수 있습니다. 섭식 장애의 정도가 심하다면 지방흡입보다는 섭식장애의 개선에 초점을 두는 것이 정답입니다. 하지만 지희씨는 그 증상이 심하지 않았고, 다행히 컴플렉스를 해결함으로써 자신의 잘못된 식습관을 개선해 나갈 수 있었던 아주 드문 케이스였습니다.

01

사례로 알아보는 비만과 지방흡입 8

오히려 의사에게 동기부여가
되어준 고도비만 진서씨의 이야기

진서씨는 소아비만 환자였습니다. 어렸을 때부터 날씬한 적은 한 번도 없었습니다. 자신의 체중이 컴플렉스였던 그녀는 20대 때 젊은 혈기로 다이어트를 단행했습니다. 결과는 대성공! 인생최저 몸무게인 58kg을 찍었습니다. 하지만 기쁨도 잠시 곧 체중은 눈덩이처럼 불어나기 시작했습니다. 그렇게 몇 달 되지 않아 다시 비만 체중으로 돌아갔습니다. 그대로 질 수 없었습니다. 무엇보다 스스로가 체중이 적게 나갈 때 훨씬 자신감 있고 생기있게 지낼 수 있었다는 사실이 진서씨에게 강한 동기 부여가 되었습니다. 진서씨는 곧바로 단식원으로 갔고 헬스장을 오가며 다이어트 보조제를 먹었습니다. 하지만 처음과는 달리 체중은 좀처럼 빠지지 않았고 3 ~ 4kg 감량 되었던 체중도 금세 되돌아왔습니다. 그렇게 20년의 세월이 흘렀습니다. 진서씨의 20년은 다이어트와 요요로 가득찼습니다. 체중은 야금야금 늘어서 100kg에 육박하게 되었습니다.

그런 상태로 진서씨는 나를 만나게 되었습니다. 이제 나이도 40살 이고 하니 마지막이다 싶은 마음으로 지방흡입을 계획했다고 했습니다. 이전까지는 지방흡입은 자기관리를 못하는 게으른 자들이 받는 수술이라고 생각하며 외면해 왔다고 했습니다만 체중이 100kg에 육박하자 아무 의

욕도 나지 않았고 일도 그만두고 싶어져서 현재는 휴직 중에 있다고 했습니다. 거기에 우울증, 대인기피, 남들이 자신을 험담하는 듯한 망상에 시달리다 보니 뭐라도 해야겠다는 생각이 들었다고 합니다.

진서씨의 생활 습관은 단점을 찾아내기 어려웠습니다. 비만 상담을 하다 보면 '선생님 도대체 저는 왜 찌는지 모르겠어요 이렇게 먹는데 찌면 죽으란 얘기 아닌가요?'라는 식의 한탄을 들을 때가 많습니다. 나는 그들이 거짓말을 한다고 생각하지 않습니다. 뭔가 작은 포인트의 잘못된 식습관과 잦은 요요로 인해 변해버린 기초 대사량이 숨겨진 주범이니까 말입니다. 운동도 좋아하고 특별히 많이 먹지도 않는 진서씨도 그러했습니다. 하지만 해답은 항상 어딘가에 숨어있습니다. 진서씨의 숨겨진 주범은 디저트의 높은 비율과 스트레스를 폭식으로 푸는 데에 있었습니다. 숨기고 싶은 이런 요소들은 간단한 상담에서는 찾아내기 어렵습니다. 환자가 마음을 열고 대화에 응하거나 여러 정보 속에서 내가 마치 탐정처럼 주범을 찾아내어야 합니다.

여느 때와 마찬가지로 지방흡입 스케줄을 잡으면서 나는 진서씨에게 생활 습관의 개선점을 안내해 주었습니다. 용기의 말도 잊지 않았습니다. 하지만 마음 한켠에는 '진서씨가 과연 잘할 수 있을까' 하는 의문이 계속 남았습니다. 생활 습관 개선과 강력한 동기부여 운운하는 나이지만 비만 탈출은 생각보다 쉽지 않습니다. 실패하는 사람도 많이 보아왔기 때문에 그 때에는 현재 하는 것과 똑같은 내용을 전달했지만 깊은 신념은 없었지 않았나 생각이 듭니다. 그렇게 첫 수술인 팔 지방흡입을 마친 후에 이주일 후 진서씨가 내원했습니다. 진서씨는 그 사이 생활습관 교정으로 5킬로그램이나 감량한 상태였습니다. 아차! 너무 과격한 다이어트를 시작했구나 하는 마음이 들었습니다.

"힘들지 않으세요? 잘 빼긴 했는데 너무 빨리 빠지네요?"

"전혀요~ 원장님이 하라는 대로만 했고요 별로 힘든 점은 없어요"

수칙들을 잘 지켜주는 진서씨가 고마웠지만 불안한 마음은 여전히 남아 있었습니다. 내가 중요하게 생각하는 점진성과 지속 가능성이 흔들릴 것 같은 이유에서였습니다. 그렇게 두 번째, 세 번째, 네 번째 지방흡입이 진행되었는데 그 때마다 진서씨는 지속적으로 체중이 감소했습니다. 결국 마지막 수술 때에는 18kg이 감량된 상태에서 수술을 받게 되었습니다. 진서씨는 그 이후로 1년이 넘는 시간 동안 요요 없이 관리를 받고 있습니다. 현재 습관을 유지하는데 특별히 어려움은 없다고 합니다.

최근 명절에 부모님과 함께 명절 음식을 폭풍 흡입하였는데 명절 후에 다시 원래대로 습관을 되돌리니 잠시 늘었던 체중도 바로 돌아오는 진서씨로서는 신비로운 마법을 경험했다고도 했습니다. 진서씨가 첫 지방흡입 후 정확히 1년째 되는 날, 상담하다가 흥분된 목소리로 백화점에 갔던 이야기를 해주었습니다.

"선생님 저요. 옷 살 때 있죠. 저는 105에서 110만 입었거든요. 작년 9월에 제가 자전거 국토 종주로 입었던 반팔티가 115였는데 최근에 그 옷을 다시 입어 봤는데 너무 커서 어른옷 같은 느낌이 드는 거예요. 그거

보고 자신감을 가지고 자주 가는 백화점에 갔어요. 원피스 입으려요. 여자들은 원피스 입을 때 되게 긴장 되거든요! 1년 전부터 눈여겨보던 원피스를 피팅룸에 가지고 들어가서 심호흡을 한 채로 지퍼를 올렸는데!! 그게 자연스럽게 올라가고 원피스 핏이 딱 나와서 백화점 직원하고 같이 거울 봤을 때 쾌감이 너무 좋았어요. 남들은 다 즐길 수 있던걸 난 여태 못했으니까 제 몸에 정말 미안한 거 있죠. 저는 정말 이게 너무 행복했어요"

　진서씨의 성공은 비만, 지방흡입 전문의인 나에게 신선한 자극이었고 다른 비만 환자들도 더 나은 삶을 살 수 있겠다는 희망을 심어주었습니다. 동기부여를 해 주어야 할 나이지만 이번만 큼은 내가 동기부여를 받게 되었던 것입니다. 진서씨 덕분에 나는 더 열정적으로 비만 상담을 하고 동기부여를 해주려 노력하게 되었습니다. 고마워요 진서씨!

　다음은 진서씨가 며칠 전 내게 농담처럼 던져준 말입니다.

　"원장님 생각해 보니까 각종 다이어트, 운동, 단식원 등등 제가 20년 동안 들인 돈을 생각하니 어마어마 하더라구요. 그 돈이면 지방흡입 하고 남았을거 같아요"

　진서씨가 지방흡입을 통에 비만 탈출을 거저 얻었다고 생각하지 않습니다. 생활 습관을 교정하는데 어려움이 많았을 거라고 미루어 짐작할 수 있습니다. 그럼에도 포기하지 않고 성공해준 진서씨, 내게 동기부여를 해 주어 다시 한 번 고마워요~!

8번 사례자 수술
Befor & Aftere

수술부위 복부

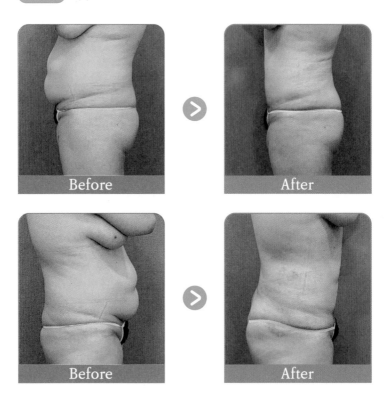

Before

After

Before

After

●● 진서씨의 가장 어려운 신체 부위는 복부였습니다. 내장지방과 피하지방이 공존하고 있기도 했고, 지방흡입을 하게 되면 피부 처짐이 필연적으로 발생할 것이 예상되었기 때문입니다. 그래도 피부처짐은 예상 범위 이내로 발생하였고, 체중감량에 많은 노력을 기울인 덕에 내장지방도 많이 줄게 되어 좋은 결과를 유도할 수 있었습니다.

수술부위 허벅지 + 엉덩이 이식(애플힙)

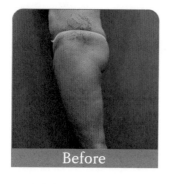

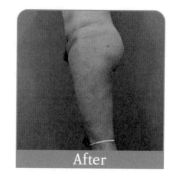

진서씨의 허벅지, 엉덩이는 체중의 증가와는 별개의 문제가 존재하였습니다. 바로 엉덩이 볼륨이 비율적으로 지나치게 작다는 것이었습니다. 때문에 허벅지 지방흡입을 통해 얻은 지방을 엉덩이 볼륨에 투자해 좋은 결과를 얻었습니다.

수술부위 팔

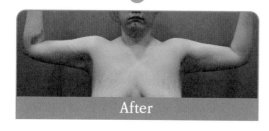

많은 체중 증가와 반복된 요요로 인하여 탄력을 잃은 진서씨(가명)의 팔은 부피 감소와 더불어 피부 처짐이 외형을 최대한 헤치지 않는 방향으로 지방흡입을 진행하여야 했습니다. 그 결과 팔 내측에 약간의 요철이 발생하였지만 결과는 만족스러웠습니다.

01

사례로 알아보는 비만과 지방흡입 9

그녀의 지독한
탄수화물 중독 탈출기

　우리 병원 건물 2층에는 내가 점심시간 때마다 즐겨먹는 한식 뷔페가 있습니다. 반찬도 맛있고 한식 위주로 든든하게 챙겨 먹기 좋아 퇴근 후에도 가끔씩 들리곤 했습니다. 아무래도 오피스 건물이다 보니 주변 직장인들도 많이 이용하는 곳입니다. 회사의 점심시간대가 맞으면 자주 보게 되는 얼굴들도 생기게 되는데요. 얼마 전부터 눈에 띄는 여성이 생겼습니다. 우리 병원과 점심시간이 비슷한지 자주 보이는가 싶었는데 식판에 담는 음식의 구성이 남들과는 좀 달랐습니다. 바로 반찬과 국의 양은 딱 1인분이었지만 밥은 최소 두 공기 이상을 먹는다는 점입니다.

　"활동량이 많은 직업인가? 밥을 꽤 많이 드시네.."

　노동량이 많은 직업일 경우 밥 양이 많이 필요할 수 있겠지만 아무래도 역시 지방 흡입, 비만 전문 의사다 보니 그녀의 식습관이 신경 쓰일 수밖에 없었습니다. 아주 날씬하지는 않았기 때문에 몇 가지 조언을 해주고 싶은 마음이 굴뚝같았지만, 나는 그렇게 오지랖이 넓지는 못합니다. 그러던 어느 날, 제 마음이 닿았는지 정말 진료실에서 그녀를 볼 수 있었습니다. 식당에만 보이던 얼굴이 상담실에 있으니 반가워서 하마터면 아는 척을 할 뻔했습니다. 반가움 마음을 뒤로한 채 그녀의 이야기를 들었습니다.

"원래 이 정도는 아니었는데, 이번 겨울에 무려 10kg가 찐 거 있죠? 이대로 가면 큰일 나겠다 싶어서 병원을 찾았어요.. 결혼도 앞두고 있는데.. 전신 지방 흡입을 하고 싶어서요"

그녀는 다름 아닌, '탄수화물 중독'이었습니다. 35살 배지현(가명) 씨는 가장 좋아하는 음식이 치킨도, 피자도, 마라탕도 아닌, 바로 '흰쌀밥'이라고 했는데요, 다른 반찬 없이도 먹을 수 있을 만큼 달고 심플한 쌀밥의 맛이 중독적이라고 말했습니다. 다른 30대 여성들과는 달리 달콤한 커피나 초콜릿에는 큰 관심이 없어 보였습니다. 심지어 공공의 적, 배달음식도 자주 안 먹는다고 했습니다.

그녀에게 삼시 세끼는 국과 밥만 있으면 충분했습니다. (순대국과 밥만 있으면, 최대 4인분까지 먹을 수 있다고 했습니다) 실제로 그녀의 식습관을 모니터링한 결과 다른 문제보다는 끼니마다 먹는 밥, 특히 저녁에 먹는 2인분 ~ 2.5인분 양의 밥이 문제였습니다.

농업이 주가 되었던 과거 우리 국민은 고봉밥을 먹었습니다. 지금 보면 어마어마할 정도로 많은 양이지요. 거짓말 보태서 현재 공깃밥의 세 배 정도는 되는 것 같습니다. 하지만 그 시절 활동량은 지금 현대인의 활동량을 그 이상 웃돌았습니다. 10리 길을 걸어서 장터에 가는 일은 아무

일도 아니었으니까요. 과거에는 꼭 필요한 에너지원이었지만 쌀밥은 이제 우리에게 불필요한 잉여 에너지입니다. 단맛과는 약간 결이 다르지만 결국에는 쌀, 밀가루 이런 탄수화물도 포도당으로 변해 우리의 뇌를 자극하며 쾌락을 주기 때문입니다. 쾌락은 자칫하면 중독될 수 있음을 의미합니다. '단것 혹은 불량식품을 많이 안 먹으니 괜찮겠지' 하는 마음으로 마음껏 탄수화물을 섭취한다면 결국 같은 결과인 비만을 가져오게 됩니다.

배지현 씨는 애초에 전신 지방 흡입을 생각하고 방문한 환자였으므로 단계를 많이 나눈 지방 흡입을 계획했습니다. 거기에 덧붙여 탄수화물의 양을 조절할 수 있도록 식사에 몇 가지 변화를 주도록 했습니다. 일단 '먹는 건 좋지 않다'라는 잘못된 인식부터 해결해야 했습니다. 먹는 것 자체가 잘못이라기보다는 무엇을 언제 어떤 양으로 먹느냐의 방법의 문제라는 인식이 필요했습니다. 그리고 규칙적으로 식사를 하기로 했습니다. 병원 건물 한식 뷔페에서는 반찬과 국의 건더기 위주로, 밥은 가능하면 한 공기에서 멈출 수 있도록 했습니다.

식판으로 떠먹는 시스템이므로 밥의 양을 가늠하기가 쉽지 않았기 때문에 식판에 떠지는 밥 한공기의 모양을 알려 준 뒤 최대한 그 양을 넘지 않는 선에서 밥을 뜨기로 했습니다. 처음에 많이 뜨지 않는 것은 의외로 상당한 효과가 있습니다. 추가로 밥을 뜨러 가는 것이 생각보다 많이 귀찮거든요. 저녁은 가능하면 굶는 게 좋지만, 굳이 억지로 굶지는 않기로 했습니다. 억지로 굶다가 식욕이 폭발하면 큰일이니까요. 실제로 지현 씨가 밥 양이 늘 때에는 배고픔에 참지 못하고 먹었을 때가 대부분이었습니다. 이렇게 매일 삼시 세끼 잘 챙겨 먹는데 감량이 될까요? 아침, 점심 저녁 합해서 밥을 4-5공기 정도 먹던 사람이 하루에 밥 2.5 공기 정도로만 줄여도 체중이 감소하기에는 충분한 변화입니다. 오히려 그 이상을 계획했다가 다이어트 중단이라는 부작용에 빠지기 쉽습니다. 여기서 끝이 아닙니다. 나는 여기에 더해 평소 안 하던 운동습관을 추가로 제안했습니다. 매일 조금씩 걷기로 말입니다.

그녀는 이후 수술과 다이어트의 약 3개 월의 시간 동안 담담히 약속을 지켜나갔습니다. 3개월간 지방 흡입을 제외하고 감량한 체중은 약 5kg 정도였습니다. 약속을 지켜내다 보니 이제 밥 한 공기 이상은 먹을 생각도 들지 않는다고 했습니다. 아주 만족스러운 변화였습니다! 지현 씨의 생활 습관 개선은 현재 진행형입니다. 체중의 감소도 마찬가지이고요. 현재의 습관을 고수한다면 총 10kg은 거뜬히 감량할 수 있을 것이라고 확신합니다.

지방흡입사례
Before & After

수술부위 허벅지

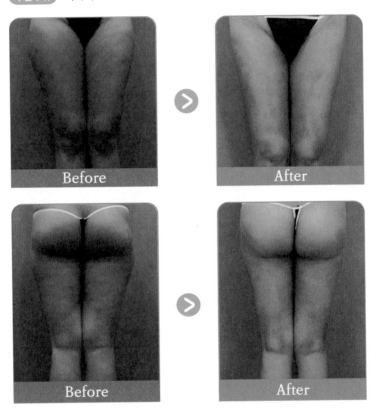

Before → After

Before → After

● 지방은 사실 그냥 버리기엔 아까운 자원입니다. 아직 확립되지는 않았지만 지방속에는 가능성이 무한한 줄기세포가 많이 포함되어 있습니다. 그걸 떠나서라도 지방은 내 몸의 볼륨이 부족한 부분을 보완하는 데에 활용할 수 있습니다. 엉덩이, 가슴, 얼굴 등의 부위에 볼륨을 채워줄 수 있습니다. 사진은 엉덩이 볼륨을 보완한 케이스입니다.

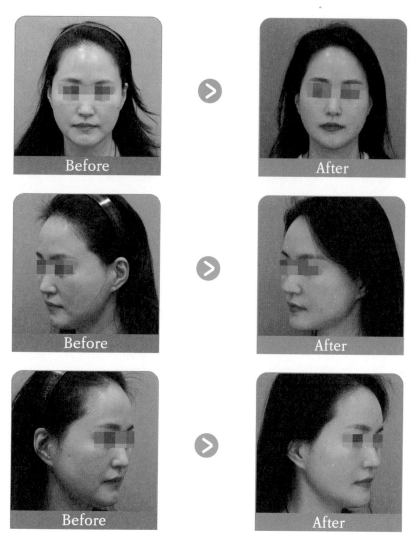

●● 얼굴에 지방을 이식한 사례입니다. 지방이식을 하게 되면 쳐진 얼굴에 생기를 주고 더 젊어 보이는 효과를 얻을 수 있습니다.

01

사례로 알아보는 비만과 지방흡입 10

재수술로 새 인생을
살게 된 이야기

30대 후반의 한 여성이 진료실로 들어왔습니다. 20대보다는 30-40대의 환자가 오면 더 마음의 준비를 하게 됩니다. 아무래도 3-40대들에게 지방 흡입은 새로운 동기부여와 제2의 인생을 만들어주는 장치로도 활용되기 때문입니다. 그래서 상담도 더 길어질 때가 많습니다. 다른 3-40대 여성 환자들과 비슷하게 김민정(가명) 씨는 복부지방 흡입을 상담하고자 했습니다. 하지만 민정 씨는 복부를 보여주기 부끄러운 모양이었습니다.

"자 가운을 벗어보세요"

"벗으라고요?"

"당연하죠! 그래야 진료가 가능하니까요"

"이렇게 풀어서 살짝 보여드리면 안 될까요?"

"그러시죠~ 일단 살짝 상태를 보고 초음파를 볼지 결정해야겠네요"

민정씨는 그제야 가운을 펼쳤습니다. 순간 보자마자 그녀가 노출을 꺼려 하는 이유를 알게 되었습니다. 그녀의 복부는 말 그대로 '엉망진창'이었으니까요. 놀란 마음을 감추고 그녀에게 어떻게 된 거냐고 물어봤습니다. 그랬더니 그녀는 얕은 한숨을 쉬며 입을 열었습니다.

"2년 전 A 병원에서 복부 지방 흡입을 받았는데 이렇게 되었어요."

"..."

"처음에도 이상했어요. 이상하다 싶을 정도로 통증이 심했거든요. 모양도 처음부터 이상했고요. 병원에서는 기다려보자고 해서 기다렸는데 몇달이 지나고 나니까 더 울퉁불퉁해졌어요"

"아...그런 일이 있었군요"

"이렇게 되니까 목욕탕은 당연히 못 가게 되었고요 티셔츠도 벙벙한 것만 골라서 입어요."

민정씨의 이야기는 이렇습니다. 2년 전 복부 지방 흡입을 받았는데 결과는 참담했다고 합니다. 복부를 노출하는 의상이나 대중목욕탕은 아예 꿈도 꾸지 못하는 상황에 놓였습니다. 재수술도 고민해 보았지만 처음 수술 시에 경험했던 엄청난 통증과 실망스러웠던 결과가 발목을 잡았다고 했습니다. 그렇게 그녀는 우울하게 지내오다 대략 6개월 전부터 그냥 수술의 결과를 받아들이고 살기로 마음을 점차 정리해갔습니다. 그러던 중 그녀의 마음을 다시 흔들은 사건이 터지고 맙니다. 바로 다른 병원에서 지방 흡입을 한 지인의 배를 우연히 보게 되었는데 자신과 다르게 너무 잘 된 모습 때문이었지요. 이뿐만이 아닙니다. 민정 씨는 본인이 경험했던 엄청난 멍과 통증은 물론, 울퉁불퉁한 부작용까지 지인의 몸에서 찾아볼 수 없었다고 말했습니다. 그렇게 민정 씨는 타인의 결과에 용기를 얻어 그분의 소개로 우리 병원까지 오게 된 것입니다.

우선 초음파 검사부터 시행했습니다. 불행 중 다행이었던 것은 파도가 치듯 울퉁불퉁한 복부였지만 유착이 심하지 않았고, 지방의 가장 얇은 부분도 어느 정도 지방 두께가 남아 재수술이 가능했다는 점이었습니다. 이렇게 지방 흡입에 한 번 데인 환자들을 수술대 위로 다시 눕게 만들려면 두 가지 어려운 점을 극복해 나가야 합니다. 첫 번째, 지방 흡입에 의해 받은 공포와 마음의 상처이며 두 번째는 100점이 되기 어려운 재수술 결과에 대한 이해입니다. 다른 수술들도 마찬가지이지만 지방 흡입은 재수술이 두 배 이상 어렵습니다. 정상적으로 끝난 첫 번째 수술을 재수술하는 경우는 그나마 낫습니다. 체중 증가로 인해 부풀게 된 부위나 불만족인 부분 정도 다듬는 작업이면 되니까 말입니다. 문제는 피부 표면이 울퉁불퉁해 보이고, 안쪽에 유착이 심한 재수술 케이스입니다. 이 경우에는 아무리 경험이 많은 의사라도 완벽한 라인을 장담하기는 불가능하기 때문입니다.

그렇게 민정씨와 오랜 시간 상담을 끝내고 지방 흡입 재수술을 위한 스케줄을 잡았습니다. 동시에 통통한 체격인 그녀에게 다이어트 조언도 잊지 않았습니다. 재수술 후 체중이 감량되었을 경우 재수술의 효과가 더 많이 나타날 수 있을 가능성도 설명해 주었습니다. 반대로 체중이 많이 증가하게 되면 체형이 예쁘지 않은 방향으로 변할 수 있다는 말도 함께 전했습니다. 그 말을 듣고 그녀는 수술 후의 운동 계획과 식단까지 미리 고려해야겠다고 다짐했습니다.

그녀의 재수술도 역시나 쉽지 않았습니다. 예상 소요 시간보다 한 시간이나 지나서야 비로소 끝났으니까요. 재수술인 만큼 수술 후 관리도 꼼꼼히 챙겨드렸습니다. 그리고 약 한 달이 지나, 마지막 관리를 받은 민정 씨는 비로소 자신의 일상으로 돌아갔습니다. 고맙다는 인사와 함께 말입니다. 그렇게 잊히는가 싶었더니 그로부터 약 2년 후 그녀는 다시 병원을 찾았습니다.

'설마 무슨 문제가 있는 건 아니겠지..?'

이런 생각도 잠시 했지만 그녀의 밝아진 모습을 보고 바로 생각을 바꾸었습니다. 민정 씨는 자신의 콤플렉스였던 복부가 해결되었을 뿐만 아니라 생활 습관까지 전부 개선할 수 있었다며 감사하다는 말을 전하고 싶어 방문한 것입니다. 복부로 인한 스트레스는 더 이상 받지 않으며 대중목욕탕도 당당히 다닐 수 있게 되었다는 민정씨. 올바른 생활 습관을 쭉 유지해 더 이상 지방 흡입이 필요 없는 삶을 살았으면 합니다.

재수술은 다음과 같은 경우에 이루어집니다. 첫 번째 성공적인 수술 후에 체중이 늘어 다시 다듬고자 하는 경우, 두 번째 잘못된 수술로 인해 덜 빠진 부위가 있는 경우, 세 번째 울퉁불퉁한 수술로 인해 부분적인 유착, 부분적인 덜 빠짐이 혼재하는 경우입니다. 이런 경우에는 재수술로 어느 정도의 개선을 기대할 수 있습니다. 하지만 손대지 못 하는 경우도 있는데요. 바로 과도한 지방 흡입으로 인해 말 그대로 가죽만 남은 경우입니다. 이런 경우에는 필연적으로 유착이 생기게 되고, 피부의 매끈함은 사라지게 되는데요, 재수술로 해결하기 불가능한 경우가 많습니다. 손등과 허벅지 피부를 비교하실 때 손등은 피하지방층이 매우 얇아 허벅지와 비교했을 때 생기도 없고, 매끄러움도 없게 느껴집니다. 이 점을 생각하면 이해하기 편하실 것입니다.

재수술은 유착부위를 박리하고, 덜 빠진 부위의 지방을 제거하며, 깊이 파인 부분을 이식하는 등의 여러 작업이 필요합니다. 따라서 시간, 기술, 노력이 더욱 많이 필요한 수술이지요. 그렇기 때문에 최선의 방법은 재수술이 필요 없게끔 첫 지방 흡입을 잘 하는 것입니다. 혹시 체중이 늘어 재수술이 필요한 경우라면 체중을 원래대로 줄이는 게 가장 좋은 재수술 방법이지요. 그렇게 하면 재수술이 필요한 부위도 원래대로 돌아올 수 있습니다. 만약 체중 감량이 어렵다면 수술 경험이 많은 의사를 찾는 것이 차선책일 수 있습니다. 대신 감량은 못하더라도 체중이 늘지 않도록 생활 습관을 교정하는 것은 잊지 마시길 바랍니다.

희망적이지만은 않다. '재수술'이 '안' 되는 이유

안타깝지만 모든 재수술의 케이스가 민정 씨처럼 해피엔딩으로 끝나는 것은 아닙니다. 얼마 전 진료실을 찾은 성지후(가명)씨가 바로 그 대표적인 사례이지요. 30대 아기 엄마인 성지후 씨는 차분한 성격의 소유자였습니다. 낮은 톤의 목소리 때문인 줄 알았는데, 지나치게 차분하다 싶은 이유는 따로 있었습니다. 바로 과도한 팔뚝 지방 흡입으로 인한 우울감이 그 원인이었지요. 진료실을 방문하기 6개월 전에 지후 씨는 인터넷 검색을 하다가 '뼈팔뚝'이라는 단어에 꽂히게 되었다고 했습니다. 2살짜리 아기를 키우는 육아맘으로써 평소 스트레스였던 팔뚝살을 제거하는 보상을 스스로에게 주고 싶었던 것이지요. 여러 부작용이 걱정되었던 지후 씨는 욕심을 많이 내지 않는 대신, 살짝 다듬는 정도로만 원장에게 부탁했습니다. 하지만 결과는 지후 씨의 의도와는 전혀 다르게 나왔습니다. 수술의 결과는 다듬는 정도가 아니었으니까요. 집도의는 지후씨의 팔뚝에 있는 지방이란 지방은 거의 모두 제거했습니다.

피하지방은 우리의 체온을 지켜주는 역할과 동시에 외부 충격을 흡수해 주는 에어백 같은 역할을 합니다. 현재는 많이 의미가 없어졌지만 사실 피하지방은 에너지 저장소라는 중대한 역할도 맡고 있습니다. 여기에 부가적으로 탄력 있고 매끄러운 피부와 몸매를 부각시키기 위한 미용적 기능으로도 한몫하고 있습니다. 여기서는 피하지방의 미용적 기능이 이야기의 중심이 되겠습니다. 피하지방이 모두 제거되면 미용적으로 탄력도 없고, 매끈하지 않은 바디라인이 만들어집니다. 아름다운 여성성을 표현할 수 없는 표면이 되는 것입니다. 손등이나 발등을 만져보세요. 지방이 거의 없는 허벅지나 팔은 그런 느낌이 날 것입니다. 안타깝게도 지후 씨의 팔은 지방 흡입으로 인해 보기 좋지 않게 변했으며, 과도한 지방 흡입으로 유착도 부분부분 생겨 울퉁불퉁해 보였습니다. 게다가 태생적으로 체격이 있는 편인 지후 씨의 상완부 지방을 모두 제거하고 나니, 하완보다 상완의 굵기가 얇아 보이는 역전 현상까지 발생하였습니다.

　나는 서둘러 초음파 검사를 시행하였습니다. 조금이라도 지방층이 남아있기를 바라는 마음으로 말이지요. 하지만 걱정했던 대로, 수술한 상완부의 피하 지방은 거의 없다시피 했으며 유착도 아주 심한 상태였습니다. 추가적인 수술이 불가능한 상황이었습니다. 제가 할 수 있는 일은 지후씨를 위한 깊은 위로, 유착을 개선하기 위한 후 관리, 주사 요법이 전부였습니다. 육아에 지친 마음으로 수술을 받은 지후 씨. 좋지 않은 결과로 인해 지푸라기 잡는 심정으로 나를 찾아왔지만 지후 씨의 기대와 달리 뾰족한 해결책을 제시해 드리지 못 한 나 스스로가 참 작아지는 순간이었습니다.

10번 사례자 수술
Before & After

수술부위 복부

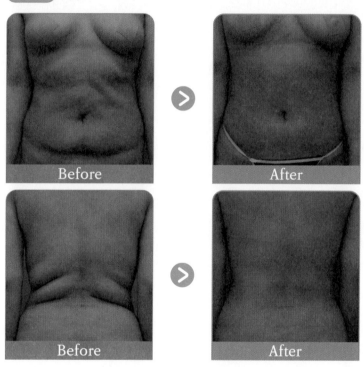

Before → After

Before → After

민정씨 복부는 다음의 문제가 있었습니다. 첫 번째 균일하지 않은 지방흡입으로 인한 지방 불균형, 두 번째 과도한 조작으로 인한 여러 부위의 유착과 패임, 세 번째는 인접한 부위를 고려하지 않은 결과로 생긴 계단현상입니다. 그 결과 사진과 같은 울퉁불퉁한 부작용이 발생한 것입니다. 사진보다 실제로 보면 상황은 더 심각했습니다. 이 문제의 해결을 위하여 유착을 박리하고 덜 뽑은 부위는 더 뽑았으며 패인 부위는 줄기세포 및 지방이식으로 개선해 주었습니다. 결과는 만족스러웠고 민정씨는 심각한 컴플렉스에서 벗어날 수 있었습니다.

아는 의사 오빠가 주장하는 다이어트 5개명

지방흡입의 완성은
다이어트입니다
꾸준한 운동과 식단조절을
병행하지 않는다면
이전의 모습으로 돌아가는 건
시간문제입니다

아는 의사 오빠가 주장하는
다이어트 5개명 1

비만 탈출?
지름길도 왕도도 없다

체중이 늘었다고 자책해 본 적 있으신가요? 아니면 다이어트에 엄청난 노력을 투자했는데 결과가 나오질 않아 실망한 적은요? 적당한 자기반성은 자극이 될 수 있지만 지나친 자책은 오히려 독이 됩니다. 무슨 죄를 저지른 것도 아닌데 잘못했다는 죄책감으로 우울에 빠질 수 있으니까요. 체중이 늘게 된 이유는 자기 관리를 못 한 이유도 물론 있습니다. 하지만 앞서 언급했듯이 그것 하나만으로는 설명할 수 없는 부분이 많습니다. 유전적 요인, 뇌의 문제, 호르몬 문제 등의 자기 관리로 극복하기 어려운 내 몸 안의 문제와 경제 발전에 따른 비만율의 증가, 인공 불빛의 비만 유도, 야간 근무자들의 비만 등 사회 환경적인 요인들이 그 예입니다. 쏟아지는 먹방, 배달 천국이 된 우리나라, 코로나로 인한 외부 활동의 둔화 등도 증명된 바는 아니지만 한몫하고 있지요.

물론 이런 이유들로 책임을 미루고 자신의 체중을 정당화하거나 다이어트를 포기하라는 말은 아닙니다. 다이어트는 그만큼 여러 요소에 영향 받고 있다는 사실을 기억하면서, 비만은 단순히 자기 관리 문제로 치부되어 비난받을 이유가 없다는 사실로 이해하시면 됩니다. 그래야 우리

비만 환자들이 위축되지 않고 당당히 사회 활동을 영위할 수 있으며, 그럼으로써 자신의 비만 문제를 도움받는 데에 거리낌 없이 행동할 수 있을 테니까요.

전 아직도 '4주 만에 10kg 감량', '실패 시 100% 환불' 이런 문구들이 전광판에 붙어있다면 시선을 멈추고 유심히 바라봅니다. 과연 다이어트가 이렇게 속성으로 완성될 수 있을까라는 생각을 하면서 말이지요. 만약 그렇게 이루어진다 해도 체중 감량이 지속적으로 유지될 수 있을까요? 그렇지 않습니다. 매우 복잡한 이야기지만 간단히 설명하자면 초단기간에 체중을 감량할 시 초단기간에 요요가 올 가능성이 높습니다. 또한 초단기간에 체중을 많이 감량하려면 초저열량 다이어트(일 800kcal 미만) 같은 무리한 다이어트가 필요하게 되는데, 이는 건강을 해칠 수 있습니다. 따라서 전문가의 적절한 모니터링이 없다면 시도조차 않는 게 현명한 선택일 것입니다.

우리 몸은 일정한 기준을 유지하려는 경향이 있습니다. 체온, 체중, 몸 안의 전해질 밸런스 등등 일정한 값을 유지하려 합니다. 이것을 항상성이라 부르는데요, 체중도 이렇게 우리 몸 안에서 항상성을 유지하려고 합니다. 그렇기 때문인지 우리 몸 입장에서 급격한 체중 감소는 항상성을 위협하는 매우 극심한 스트레스입니다. 스트레스 호르몬이 분비되면 우리 몸은 무슨 수를 써서라도 이전의 체중으로 돌아가려 하는데요, 이 때문에 단기 다이어트가 어렵다는 말입니다. 다이어트 수행 중에도 항상성으로 인해 식욕은 넘쳐흐를 것이고, 자연스럽게 요요로 이어질 수 있으니까요.

항상성을 최대한 자극하지 않으려면 조심스럽게 점진적으로 체중을 감량해야 합니다. (물론 당뇨 같은 특별한 이유가 있는 경우에는 빠르게 체중을 감량하기도 합니다) 그리고 감량한 체중을 6개월 이상 유지해야 항상성의 기준이 감량한 체중으로 리셋하게 됩니다. 그러니 지름길은 없습니다. 빨리 끝나지도 않습니다. 아니 다이어트는 끝나는 게 아닙니다. 한번 생활 습관을 바꾸면 그 습관을 유지해야만 체중도 변하지 않을 것입니다.

복부지방흡입? 내장지방 모르면 실패?

 똑같은 체형인거 같은데 지방흡입 하고 난 결과는 다르다? 흡입을 해도 손해를 보는 체형이 있다? 복부 지방 흡입에 대해 알아야 하는 사실들을 알아봅시다!

링크 : https://c11.kr/1by59

아는 의사 오빠가 주장하는
다이어트 5개명 2

지속 가능하고 장기적이며 현실적인 목표가 필요한이유

실제로 하루에 4시간 이상 헬스장에서 보내는 다이어터들이 많습니다. 그런 분께 나는 항상 이런 이야기를 해드립니다. 평생 직장 생활 혹은 육아를 하면서 4시간씩 운동하실 수 있나요? 그렇다면 그렇게 하셔도 좋습니다. 하지만 나중에 어떤 이유로든 4시간에서 1시간으로 운동 시간이 단축된다면 곧 3시간어치 지방이 내 몸으로 돌아올 것입니다.

이러한 이유로 생활 습관 개선의 계획은 장기적이어야 합니다. 올여름에 비키니 입어야지, 10월에 바디 프로필 찍을 거야 같은 단기의 목표와 그를 위한 계획은 어찌 보면 가장 위험합니다. 마음을 급하게 만들고, 만약 실패했을 경우 좌절감도 크게 오기 때문입니다. 성공을 해도 이제 끝이라는 생각이 강하게 들기 때문에 지금까지 해 온 노력을 중단하고 싶어집니다. 바디 프로필 찍자마자 먹방으로 콘텐츠가 바뀌는 유튜버를 보신 적 있으신가요? 이들에겐 폭풍 요요가 기다리고 있습니다. 그러니 '장기적이고 점진적인 변화' 그것이 우리의 목표가 되어야 합니다. 그러려면 우리가 실천하는 생활 습관 개선 방향이 과연 지속 가능한지 잘 살펴봐야 합니다. 마라톤을 전력 질주로 완주할 수 있을까요? 아닙니다. 주 5

일 매일 4시간씩 헬스장에서 운동하기, 블로그에서 볼 수 있을 법한 아이돌 식단 따라 하기, 이러한 강도 높은 노력들을 과연 내가 몇 년 혹은 평생 동안 할 수 있을지 따져보자는 것입니다. 그런 강도 높은 노력 대신 '나는 매일 3끼를 다 먹고 야식까지 먹는 사람인데, 저녁을 좀 줄이고 야식을 끊겠다!' 혹은 '주 2회 시간이 남으니까 그때 인터벌 트레이닝을 해보겠다' 이런 식의 계획을 오히려 추천드립니다. 비교적 장기적으로 가져갈 수 있고 실패하지 않을 확률도 높으니까요.

길고 긴 싸움에는 그에 맞는 위기관리 전략 또한 필요합니다. 앞서 설명한 내가 세운 계획이 지속 가능한지, 다른 위험요소는 없는지 냉정하게 돌아볼 필요가 있습니다. 실제로 열심히 피티 받고 식단 했는데 코로나로 인한 거리 두기 때문에 망했다는 사람이 의외로 많습니다. 갑자기 헬스장이 문을 닫으면 이제부터 뭘 해야 할지 막막해집니다. 그럼 그냥 운동을 중단하게 되는 거지요. 이러한 어려움에 마주쳤을 때를 대비해 어떤 계획을 세웠느냐가 성패를 좌우할 수 있습니다.

실제로 위기의 순간은 널려 있습니다. 코로나는 전 세계에 불어닥친 다이어트 위기의 순간이었습니다. 고3 수험 기간, 대학 입학 직후의 기간, 결혼, 임신과 출산, 육아, 폐경 등도 위기의 순간들입니다. 내가 체중이 잘 느는 체질이라면 이런 위기의 순간에서 어떤 위기관리를 할 것인지 미리 계획을 세워 놓아야 합니다. 예비맘을 예로 들어보겠습니다. 아이가 태어나고 나면 어떤 일이 벌어질지 상상도 못합니다. 모유 수유는 어떻게 할지, 그때 칼로리 섭취는 어떻게 할지, 아이가 밤낮없이 울 텐데 운동은 할 수 있을지, 어떤 운동이 좋을지 미리 생각해 보는 예비맘은 거의 없을 겁니다. 이럴 때 미리 자신만의 계획을 세워놓는 것이 좋습니다. 혹시 임신을 앞둔, 혹은 출산을 앞둔 다이어터라면 지금 한 번 생각해 보는 건 어떠실까요?

이러한 전략과 위기관리도 개인차는 존재합니다. 세상에 천재는 많습니다. 공부 천재, 얼굴 천재, 피부 천재, 몸매 천재 등 모든 분야에서 천재적이면 이상적이겠지만, 그럴 수 없다는 사실은 이 세상 사람 모두가 알고 있지요. 그렇다면 여러분, 혹시 체중 조절에도 천재가 있다는 사실을 알고 계셨나요? 대학시절 나와 같이 붙어 다녔던 한 친구는 매일 야식에 음주에 정말 사정없이 먹음에도 불구하고 정말 날씬하고 탄탄한 몸매를 가지고 있었습니다. 같이 먹은 나는 한 달 사이에 3kg가 늘었는데 말입니다. 체중 조절 천재 외에도 별다른 노력 없이도 골격 혹은 자세 자체가 너무 완벽해서 옷발이 사는 '몸매 천재'도 존재합니다.

하지만 안타깝게도 천재가 있다면 둔재도 있기 마련입니다. 만약 우리 둔재들의 시선이 이런 천재들에게만 꽂혀 있다면 인생은 정말 우울할 것입니다. 애초에 155cm의 키로 태어났는데 170cm의 슈퍼모델을 꿈꾼다면 정말 불행할 테니까요. 자신에게는 터무니없는 획일적인 40kg, 50kg 초반 이런 몸무게를 목표로 하는 것이 아니라 '내'가 할 수 있는, 그리고 '나'의 조건에 맞는 가장 아름다운 목표를 갖는 것을 추천드립니다. SNS에 빠져서 인플루언서들과 다른 자신의 모습을 경멸하면 안 됩니다. 나에게는 나에게 맞는 아름다움이 있는 것입니다. 건강한 생활 습관은 독하게 유지하더라도 자신의 한계점과 현재의 모습에는 반드시 관대한 시선이 필요합니다. 키와는 달리 체중은 누구든 이룰 수 있는 꿈이라고 착각하는 경향이 있습니다. 당연히 체중도 어느 정도까지는 변화가 가능하지만, 가능한 선이 개인별로 다르다는 현실을 깨달았으면 좋겠습니다.

자 이제 '쟤는 나랑 똑같이 먹는데 왜 나만 찌는 거야? 같은 푸념은 넣어두십시오. 남과 나는 다름을 쿨하게 인정하고, 나는 나에게 맞춰진 관리 전략을 짜야 합니다. 특히 신혼인 신부님들! 남편하고 함께하는 야식을 항상 주의하세요. 신혼의 달콤한 꿈에 젖어서 매일 밤 야식 데이트를 즐긴다면 신랑에 비해 더 체중이 증가한 '나'를 발견하게 될 테니까요.

02

아는 의사 오빠가 주장하는
다이어트 5개명 3

뻔한 소리지만 이게 답!
생활습관 교정을 통한
균형 잡힌몸매

　나에게 맞는 현실적이고 장기적인 목표를 정했다면 지금 당장 시작해야
할 일은 무엇일까요? 혹시 이 책을 읽고 있는 시간이 늦은 밤이라면 책을
덮고 잠을 청하는 것입니다. 이게 무슨 소리냐고요? 규칙적인 생활습관을
들이자는 뜻입니다. 인간은 야행성 동물이 아니기 때문에 낮에 활동하고
밤에 잠을 자도록 되어있습니다. 그 패턴이 어긋나면 몸은 바로 스트레스
로 인식하게 되지요. 지속적인 만성 스트레스는 스트레스 호르몬을 비정
상적으로 많이 분비하게 되는데요. 이로 인해 식욕이 증가하고 지방이 쌓
이게 되는 것입니다. 쉽게 말해 수면을 포함한 불규칙적인 습관은 다이어
트의 방해 요소입니다.

　건강하고 성공적인 다이어트를 위해서는 규칙적인 식사 패턴과 충분한
공복 시간이 필수 요소입니다. 일찍 일어나서 아침을 먹고, 제시간에 맞
춰 점심도 먹고, 저녁은 아주 가볍게 먹거나 건너뛰는 것이 가장 이상적
인 패턴입니다. 이를 위한 첫걸음으로 일찍 자고 일찍 일어나는 습관을
길러야 합니다. 늦잠 자고 회사에 늦었는데, 여유롭게 아침을 챙겨 먹기
란 불가능하니까요. 불규칙한 식사 또한 스트레스이며 스트레스는 곧 지

방 축적임을 명심하세요!

근육은 건강뿐만 아니라 체중 관리에 있어서 정말 중요한 요소입니다. 우리 몸의 칼로리를 연소시키는 칼로리의 용광로라고도 볼 수 있겠지요. 따라서 근육이 늘면 체중을 조절하는 든든한 동지가 생기는 셈입니다. (생각해 보면 체중조절 천재인 나의 대학 친구는 나보다 훨씬 다부진 근육질 몸매에 운동을 좋아했군요!) 하지만 다이어터에게 문제가 하나 있습니다. 체중이 줄면 근육도 같이 줄게 된다는 점입니다. 이렇게 되면 체중 감소와 동시에 대사량이 급격히 떨어져 빠른 정체기가 올 수 있습니다.

따라서 나는 칼로리 소비에 효과가 있는 유산소 운동과 동시에 근육량도 늘리는 운동의 병행을 추천드립니다. 체중 감소 시에 근육량을 유지하기 위해서는 단백질 섭취를 늘리고 운동의 방법을 근육량이 늘 수 있는 것으로 바꾸는 것이 좋습니다. 웨이트, 인터벌 트레이닝 등 다양한 방법이 있습니다. 근육이 탄탄해지면 몸매도 자연스럽게 그 노력을 배신하지 않을 것입니다.

아는 의사 오빠가 주장하는
다이어트 5개명 4

당신이 매일 먹는 것이 곧
당신 자신이다

일단 다이어트라고 하면 적게 먹는 것이 가장 먼저 떠오를 것입니다. 맞습니다. 어찌 되었든 지금 먹는 것보다는 적게 먹어야 합니다. 하지만 그것이 다는 아닙니다. 먹는 양, 먹는 시각, 먹는 음식의 종류 이 세 가지 밸런스를 전부 골고루 갖춰서 섭취해야 하니까요. 건강한 식단으로 적절한 타이밍에 적절한 양을 먹어야 한다는 것입니다. 열심히 칼로리 계산해서 오늘 점심은 빵에 캐러멜마키아토로 대신했다고 해볼게요. 칼로리는 어느 정도 목표치에 맞추었을 수 있지만 제대로 영양성분이 골고루 배분된 식사가 아니기 때문에 건강을 해치기 쉽습니다. 내가 느끼기에 건강하고 골고루 먹는 식단인지 아닌지 뒤돌아보는 자세가 필요합니다. 칼로리만 맞추는 식단은 버려야 합니다.

매 끼니 매 간식마다 칼로리 계산하는 것은 쉽지 않습니다. 게다가 얼마큼 남기느냐에 따라 칼로리 값이 달라지기 마련이지요. 나는 칼로리 계산을 권장하지 않습니다. 탄수화물, 단백질, 지방에 미량 영양소들이 골고루 포함된 식사를 하되 아침은 푸짐하게, 점심은 자신이 평소에 먹는 1인분에 맞춰서, 저녁은 굶거나 탄수화물이 최대한 배제된 식사를 권합니다. 당연히 쓸데없는 간식과 음료는 빼야 합니다. 커피도 블랙으로만 마셔야 합니다. 매 끼니마다 칼로리를 계산하는 것이 아닌, 되돌아보았을 때 건강한 식단이라는 느낌을 갖게 하는 식사를 권유 드립니다. 자기 자신이 아닌 자녀가 먹는 식단이라고 생각하고 지금 먹는 음식을 확인해 보세요. 당신은 지금, 본인에게 부끄럽지 않은 보호자인가요?

식이요법과 항상 함께 나오는 것이 약물입니다. 약물은 앞서 언급한 바가 있지만, 지방 흡입과 함께 동기부여의 역할을 할 수도 있습니다. 비만의 경우 적은 양이지만 직접적으로 체중을 줄여주기도 하니까요. 하지만 나는 의학적 기준의 비만 외에 정상 체중의 사람이 식욕억제제나 기타 비만 약을 복용하는 것을 권하지 않습니다. 지속 가능성이 생활 습관 개선에 비해 떨어지고, 부작용 위험이 있으며 심리적이나 생리적으로 약물에 의존할 가능성이 높기 때문입니다. 혹시 약물을 처방받는다 하더라도 현재의 노력에 촉매 역할을 하거나 새로운 노력에 동기부여를 주는 목적이 더 좋은 방향입니다.

어차피 쉬운 다이어트는 없습니다. 순전히 약물로만 얻는 효과는 적게는 3kg, 많게는 10kg 정도만의 감량일 뿐이니까요. 우선적으로 생활습관 개선의 노력을 시작해 보는 것은 어떨까요?

아는 의사 오빠가 주장하는
다이어트 5개명 5

나를 사랑하고 나의 몸의
소리에 귀 기울이기

늘 바쁘게 살고, 동시에 여러 가지 일을 하는 현대인들은 '바쁘다 바빠'를 입에 달고 살 정도로 복잡한 하루를 보내고 있습니다. 그러나 너무 빡빡한 스케줄은 몸을 혹사시킬 수도 있다는 사실, 알고 계셨나요? 사람들은 커리어를 쌓거나 연애하는 데에만 귀를 기울이지, 내 몸의 소리에 귀 기울일 틈은 주지도 않습니다. 하지만 다이어트를 하는 동안만이라도 내 몸과 마음의 소리에 귀를 기울여야 합니다. 규칙적인 생활을 하게 되면서 오게 되는 몸과 마음의 변화, 음식 섭취량을 줄이면서 오는 몸의 이상 신호 등을 잘 듣고 보듬어 줘야 긍정적인 신호에는 보람을 느끼고, 부정적 신호에는 빠른 해결책을 모색할 수 있기 때문이지요.

'현실적인 목표', '나에게 관대하기', '내 소리에 귀 기울이기' 모두 나를 사랑하지 않으면 이루어질 수 없습니다. 애초에 우리 인생에서 가장 중요한 나 자신을 사랑하지 않는다면 모든 게 다 의미 없습니다. 나 자신을 온전히 사랑한다는 건 쉬운 일이 아닙니다. 부정적이고 복잡한 여러 생각들 속에서 자신을 미워하는 마음이 가장 먼저 들기 때문입니다. 특히 다이어트에 실패하거나, 중간중간 포기하고 싶을 때마다 더 그런 생각이 들게 되지요. 하지만 그럴 때일수록 나 자신을 사랑해야 합니다. 체중보다 중요한 건 나 자신이니까요. 24시간 다이어트에 집착하는 삶, 살에 대한 강박과 함께하는 삶은 절대 행복할 수 없습니다. 두려움과 불안한 마음만이 가득 쌓이겠지요. 대신 이 책에서 알려드린 방법대로 한 걸음씩 나아간다면 다이어트에 대한 부정적인 생각도, 날 괴롭히던 체중도 모두 해결될 것입니다. 내가 할 수 있는 나만의 다이어트 목표를 세우고 긍정적인 마인드로 꾸준히 관리한다면 그만큼 효과적인 방법도 없을 테니까요. 아마 나도 몰랐던 사이에 이미 목표 체중에 도달했을 수도 있습니다. 우리 모두 '나'를 위한 다이어트를 하길 바라며 다이어트 5개명은 여기서 마치겠습니다.

아는 의사 오빠가 주장하는
다이어트 5개명 부록

아는 의사 오빠의
다이어트 실전편

　자 장기적이고 현실적인 목표를 세웠고 생활 습관 개선이 필요한 줄도 알겠는데 방법이 막연하시다고요? 맞습니다 전체적으로 뜬구름 잡는 느낌일 수 있습니다. 그래서 한 번 실전에 어떻게 적용하는 지 설명해드리고자 합니다.

　우선 평소의 생활 습관을 기록해 봅니다. 몇시에 자고 몇시에 일어나는지, 무엇을 언제 먹는지, 얼만큼 먹는지, 직장 내에서 어떤 육체 활동을 하는지, 운동은 하는지, 음주는 얼만큼 하는지 등입니다. 정확히 몇 칼로리인지 적을 필요도 없습니다. 대략적인 얼개가 필요합니다. 나는 매일매일이 불규칙한데? 맞습니다 그럴 수도 있습니다. 그런 분들은 우선적으로 실행해야 하는 과제가 벌써 하나 나왔습니다. 규칙적인 생활을 하도록 하세요! 하루 일정표가 나왔으면 한 주의 일정표도 대략적으로 작성합니다. 언제 출근을 안 하는지 무슨 요일에 약속이 주로 잡히는지 운동은 무슨 요일에 하는지 등입니다. 이렇게 한 눈에 볼 수 있는 자신의 루틴을 보면 벌써 개선해야 할 점이 보이기 시작할 것입니다. 우선 거기서부터 시작하시면 됩니다.

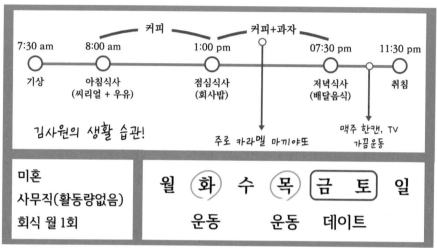

(김사원씨의 대략적인 생활 습관)

이제부터는 자신의 기본 생활 루틴에서 버릴 것을 찾습니다. 어떤 것을
버려야 할까요? 주로 술, 음료, 탄수화물로 이루어진 간식 등입니다. 식
사는 최대한 남겨 놓습니다. 커피를 버릴 수 없다면 블랙으로 드시면 됩
니다. 굿잡! 이렇게만 해도 많은 변화가 있을 것입니다.

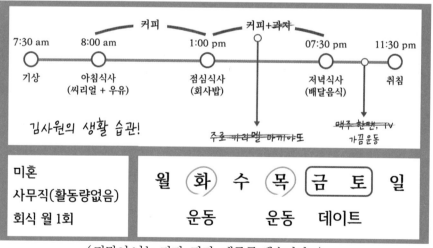

(단맛이 나는 커피, 과자, 맥주를 뺐습니다.)

이론적으로는 200kcal만 섭취가 감소해도 체중이 장기적으로 10kg가량 줄일 수 있다고 하니까 말입니다. 하지만 어디까지나 이론일 뿐 실제는 이보다는 적게 변할 것입니다. 그래도 좋습니다. 목표가 약 3-4 kg감량이었다면 여기서 끝입니다. 앞으로는 지속적으로 현재의 루틴을 유지만 하면 됩니다. 하지만 이보다 더 큰 개선이 필요하다면 이제부터 교정해야 할 것은 식사입니다. 식사는 3박자가 고르게 잘 맞아야 합니다. 언제, 무엇을, 얼만큼 먹느냐 입니다. 김사원씨는 아침 식사가 부실하군요~저녁은 너무 푸짐하게 먹는 것 같습니다. 아침식사에 단백질과 과일, 야채를 추가해서 풍성한 아침식사로 변화하고 저녁은 현재 먹는 양의 반으로 줄여야 할 것 같습니다. 배달음식을 피하는 것도 하나의 방법이 되겠네요.

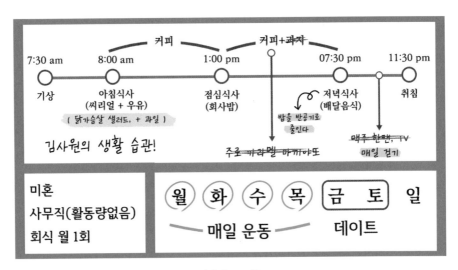

(식단 조정)

직장내에서도 활동량이 적은 사원씨는 거기에 더해 매일 걷기를 추가하면 좋겠습니다. 많이 걷지 않아도 괜찮습니다. 우리는 지금 루틴을 만들고 있는 중이니까요. 자 이정도면 생활 습관의 개선 완료입니다. 참 쉽죠? 라고 말하고 싶지만 막상 해 보시면 쉽지 않다는 것을 느끼실 겁니다. 습관이란 것이 그런 것이니까요.

 누구에게나 획일적으로 통하는 생활습관 개선 전략은 없습니다. 그렇기 때문에 각자 자신의 생활 루틴을 적어보고 불필요하거나 잘못된 것들을 하나씩 빼버린다면 그것이 바로 개인 맞춤형 다이어트 전략이 될 수 있습니다.

아는 의사오빠 김하중원장의 다이어트 실전 노트!

1. **규칙적인 생활**을 하라. 일찍 자고 일찍 일어나라.

2. **달콤한 음료**는 끊어라. 간식도 마찬가지로 **끊어라**

3. **음주**는 주 1회도 과하다. **꼭 필요한 경우**에만 해라.

4. 평소 운동을 안한다면 매일 **걷기부터 시작하라**. 단 10분이어도 좋다.

5. 식사는 일반적인 상식과 반대로 하라. **아침을 많이 먹고 저녁은 최대한 가볍게 하라.** 식사의 비중에서 **탄수화물을 적절히 낮춰라.** 특히 저녁식사에서는 더 노력하라. 대신 반찬의 비중을 늘려라.

마치는 글

살아오면서 이렇게 부족한 필력에 답답함을 느낀 적이 있을까 싶습니다. 책을 써야겠다는 필요성 때문에 자판을 두들기지만, 이것이 과연 독자들에게 얼마만큼의 정보 전달이 될 지는 자신이 없습니다. 글쓰기를 업으로 하시는 분들께 무한의 존경을 보냅니다. 의사가 되기 위해서는 정말 많은 양의 지식을 이해하고 암기해야 합니다. 생각을 정리하고 글을 잘 쓰는 것은 나 같은 평범한 의사에게 필요한 덕목은 아닙니다. 하지만 많은 양의 지식을 이해하고 암기하는 데에는 요점 정리가 필수입니다. 논문에도 초록이라는 것이 있습니다. 깊은 학문적 탐구가 목적인 연구 의사가 아니고서는 논문 본문을 읽기에 앞서 요약본이라고 볼 수 있는 초록을 먼저 훑어봅니다. 저도 이런 방식이 익숙합니다. 그런 요점 정리에 익숙한 나는 이 책에서도 다시 한 번 요점을 정리할까 합니다.

먼저 비만은 질병입니다. 단순한 나만의 문제가 아닐 수 있다는 사실을 잊어서는 안됩니다. 또한 여러가지 복합적인 요인들이 작용하여 비만을 유발하기 때문에 그러한 요인들을 자신의 관점에서 다각적으로 분석하고 해결하려는 노력이 있지 않고서는 결코 이겨낼 수 없습니다. 생활 습관의 개선 또한 그런 방향으로 접근이 되어야 합니다.

둘째로 지방흡입은 미용수술입니다. 하지만 비만의 치료를 위한 동기부여의 목적으로 사용될 수 있으며, 정상체중의 경우에는 잘못된 다이어트 혹은 심한 컴플렉스를 벗어나게 해 주는 좋은 도구가 될 수 있습니다.

셋째로 뭔가 다이어트를 위한 노력을 한다면 그것은 점진적이고 지속 가능해야 합니다. 그렇지 않은 노력들은 결국 중단하게 될 것이며, 그것은 요요로 돌아올 것입니다. 진료실에서 이것을 판단하기 위해 늘 던지는 질문이 있습니다. '지금 하는 생활 습관 교정을 평생 한다고 생각하시면 가능하시겠어요?' 여러분도 늘 이 질문을 자신에게 던져보세요.

마지막으로는 자기 자신을 사랑해야 합니다. 우리는 각종 매체에 노출된 아름다운 모습들 뒤에 숨겨져 있는 어두운 이면은 보려 하지 않습니다. 인플루언서들의 굴욕 없는 몸매나 얼굴을 보고 있자면 자신이 오징어로 느껴질 수 밖에 없습니다. 그들도 사진에 보정을 가하고 우울감에 시달리기도 하지만 그런 이면은 좀처럼 보이지 않습니다. 단지 사진 한 장 만으로 예뻐보이거나 행복해 보인다고 부러워한다면 자기 자신을 사랑할 기회는 없어져버릴 지도 모릅니다. 나 자신을 있는 그 자체로 인정하고 사랑하면서 거기서부터 더 발전할 수 있는 건강한 방법이 무엇일까 고민하는 것이 행복을 위한 첫걸음일 것입니다.

이 네 가지 요점만 잘 전달되었다면 놀자고 보채는 두 아들 틈에서 도망치듯 빠져나와 커피샵 한 구석에서 이렇게 노트북을 뚫어져라 쳐다보고 있는 나의 노력이 어느 정도 보상받을 수 있을 것 같습니다.

진료실, 유튜브에서 또 찾아뵙겠습니다. 저는 아는 의사 오빠였습니다. 늘 여러분을 응원합니다!

지방흡입 의사가 자주듣는 질문 20가지

많은 환자들이 궁금해하지만
속시원한 답을 듣지 못한
환자들이 공통적으로
꼭 물어보는 20가지 질문을
정리해 보았습니다

PART 5.
지방흡입, 어디까지 알고 있니?

Q1. 지방 흡입 후에 통증은 어느 정도인가요?

66 기본적으로 우리 병원에서 실시하는 수술법은 통증이 적습니다. 수술 다음날부터 일상생활이 가능한 정도의 통증 정도라 생각하시면 됩니다. 여러 가지 이유가 있지만 핸드크래프트 기술이 가져다주는 장점이라고 생각하시면 됩니다. 수술 부위의 마취가 풀리는 시기는 일반적인 수술보다 늦게 찾아옵니다. 보통 다음날까지도 먹먹하다고 표현하시는 분들도 많습니다. 그럼 마취가 풀린 다음에 통증은 점점 심해질까요? 꼭 그렇지도 않습니다. 그래서 전 항상 다음날 드레싱을 위해 방문한 환자분들에게 '오늘보다 더 많이 아파지는 않을 것'이라고 안심시켜 드립니다. 그런데 재밌는 사실이 하나 있습니다. 간혹 수면 마취가 덜 깬 상태에서 통증을 심하게 느끼거나 표현하시는 분들이 꽤 있는데요. 이것은 아마 수술 후의 통증이라기보다는, 수면 마취가 영향을 준 것으로 판단됩니다. 시간이 흐르면 멀쩡히 집에 걸어가시거든요. 이 확률은 3%가 채 안 되니, 안심하셔도 괜찮습니다. 99

Q2. 어떤 병원이 잘하는 지는 어떻게 알수 있나요?

66 어떤 자동차 정비센터가 정비를 잘하는지 미리 알 수 있나요? 어떤 음식점이 맛도 좋고 위생도 철저히 관리하는지 알 수 있는 방법이 있나요? 정말 이렇겠지요? 정보의 비대칭이 더 심하기 때문에 명확한 답을 드리기 어려운 질문입니다. 다만, 몇 가지 포인트는 드릴 수 있습니다. 가장 먼저 의사의 지방 흡입 경력이 얼마나 되었는지 우선적으로 확인해야 합니다. 지방 흡입은 짧게는 3 ~ 4개월 길게는 12개월의 기간 동안 경과 관찰이 필요한 수술입니다. 따라서 내가 알아본 유명 병원 의사가 12개월이 안되는 기간 동안만 근무했다면 환자에 대한 충분한 경과를 아직 모르는 상태일 수 있습니다. 길게 보았을 때 한 번 수술한 고객이 체중 증가 혹은 다른 이유로 병원을 다시 찾는 케이스가 종종 있습니다. 그럴 때마다 재수술 필요 여부를 결정하고 또다시 경과를 봐야 하기 때문에 수년 이상의 경력을 가진 의사에게 진료를 받아야 합니다. 물론 몇 개월 만에 모든 것을 습득하는 천재 의사도 있을 수 있습니다. 그 반대의 경우도 있을 수 있고요. 제가 말씀드린 판단 기준은 일반적인 케이스 정도로 이해하시면 될 것 같습니다. 99

Q3. 지방흡입 전, 어떤 검사를 해야하나요? 비용은요?

" 건강한 성인이라면 아주 간단한 피검사 정도면 충분할 것으로 생각되며, 해외의 지방 흡입 교과서에서도 피검사, 필요시 심전도 정도만을 권장하고 있습니다. 검사 비용에 대한 질문의 답변은 애매합니다. 비용을 전체 수술 비용에 포함시킬 건지, 아니면 그렇지 않을 건지는 각각의 병원의 재량이기 때문이지요. 나의 경우에는 최소한의 피검사, 초음파 검사 비용 등을 수술 비용에 포함시켜 추가적인 비용이 발생하지 않도록 하고 있습니다. 어떻게 보면 그게 환자에게도, 나에게도 합리적인 방법이라고 생각하기 때문입니다. "

Q4. 지방흡입 후 흉터는 어느정도 생기나요?

66 흉터 없이 지방 흡입을 할 수 있는 방법은 현재까지 없습니다. 아마 앞으로도 없을 것 같네요. 가끔 전후 사진을 보면 '흉터가 어디 있지?' 라고 생각되는 사진들이 많습니다. 광고 영상이나 병원 리뷰 사진 속에서도 확인할 수 있지요. 사진 보정을 한 것이 아니라면 이것은 수술하는 의사가 지방 흡입의 결과뿐만 아니라 흉터가 남았을 때의 결과까지 고려해 최대한 보이지 않게 디자인한 결과라고 보시면 됩니다. 여기서 3번 질문의 답이 하나 더 나왔네요. 결과가 좋으면서 흉터도 잘 보이지 않는 병원이 좋은 병원 기준 중 하나가 될 수 있습니다. 특이 체질이 아니라면 흉터는 점점 흐려지는데요. 짧게는 6개월에서 12개월, 길게는 24개월이 지나면 일부러 찾아야 보일 정도의 수준으로 흐려지게 되니 흉터에 관해서는 걱정 안 하셔도 됩니다. 99

Q5. 대용량 지방 흡입시 부작용이 무조건 따라올까요?

❝ 대용량 지방 흡입의 기준은 논문마다 조금씩 다르지만, 일반적으로 하루에 5,000ml의 지방 흡입 정도를 말하기는 합니다. 대용량 지방 흡입을 하게 되면 아무래도 부작용의 확률이 높아지기 마련이지만, 원칙을 잘 지키면 심각한 부작용 없이 수술을 잘 끝낼 수 있습니다. 실제로 10년 넘게 지방 흡입을 하는 동안 대용량이라고 해서 특별히 심각한 부작용이 발생한 케이스는 없었습니다. 실력의 문제보다는 원칙의 문제라고 생각합니다. ❞

Q6. 지방흡입술과 저탄고지등의
식단조절과는 관계가 있나요?

66 이에 대해 의학적 연구를 진행한 것은 없는 것으로 알고 있습니다. 다만 저탄고지 다이어트를 시작하면 초기에는 몸이 적응하지 못할 가능성이 높습니다. 컨디션이 좋지 않게 느껴지거나 면역력이 떨어질 수 있게 됩니다. 저탄고지 식이를 반대하는 입장은 아니지만, 몸이 힘들어하는 상태에서 지방 흡입을 받는 것은 추천드릴 수가 없습니다. 저탄고지 식이를 시행한 뒤에 어느 정도 자리 잡고 정상적인 활력을 되찾게 되면 그때 수술받는 것을 권합니다. 99

Q7. 지방흡입을 통해 드라마틱한 체중 변화를 기대해도 될까요?

　　❝ 지방 흡입을 10,000ml 정도 하게 되면 그래도 5kg 이상이 감량 됩니다. 하지만 정상체중 혹은 날씬한 사람들이 수술을 받게 되면 대략 500ml - 1,000ml가 흡입되는데요. 이때의 체중 변화는 고작 1kg 미만 입니다. 오히려 수술 후의 붓기 때문에 체중이 증가되어 보일 수 있지요. 정상 체중의 경우 지방 흡입 붓기가 다 빠진 3 ~ 4개월 후에 체중이 눈에 띄게 감소했다면, 그것은 개인의 노력 혹은 약물에 의한 감량이라고 보는 것이 좋습니다. ❞

**Q8. 지방흡입 후 울퉁불퉁해질 수 있나요?
다이어트는 이제 필요 없겠죠?**

" 지방 흡입을 해도 체중관리는 해야 한다고 말씀드렸는데요. 체중관리만 잘한다면 수술 부위가 울퉁불퉁해지는 경우는 없습니다. 다만 체중이 10kg 이상 증가할 경우에는 수술 후에 보이지 않았던 미세한 요철들이 마치 사진을 확대해 놓은 것처럼 보일 수 있습니다. 또한 수술을 받지 않거나, 과거에는 다듬을 필요가 없어 건드리지 않았던 수술 부위가 지방이 부풀어 이상 체형으로 될 가능성도 있습니다. 그러니 생활 습관 교정의 의지가 없다면 지방흡입을 다시 한번 생각해 보세요. "

Q9. 재수술시 첫 수술과는 어떤 것이 다른가요?

❝ 재수술의 경우는 정말 다양합니다. 첫 번째 성공적인 수술 후에 체중이 늘어 다시 다듬고자 하는 경우, 두 번째 잘못된 수술로 인해 덜 빠진 부위가 있는 경우, 세 번째 울퉁불퉁한 수술로 인해 부분적인 유착, 부분적인 덜 빠짐이 혼재하는 경우입니다. 정말 여러 상황 속에서 재수술이 이루어지고 있습니다. 아름다운 라인과 예쁜 볼륨을 위해 디자인하는 첫 수술과 달리, 두 번째 수술은 디자인부터 매우 디테일하게 잡고 세세하게 작업하는 편입니다. 또한 환자가 원하는 결과가 나오지 않은 이유로 재수술이 진행되는 것이기 때문에 환자의 니즈를 더 명확히 파악하려 합니다. 가장 효과적인 재수술은 크게 두 가지가 있습니다. 첫 번째 애초에 재수술이 필요 없을 정도로 첫 수술을 안전하게 진행하는 것, 두 번째 체중을 감량하는 것입니다. 그만큼 재수술은 어렵고 만족하기도 쉽지 않습니다. 체중이 증가하게 되어서 결과가 울퉁불퉁하게 변하고 재수술이 필요한 경우는 다시 원래의 체중으로 돌리는 것이 가장 최고의 재수술 방법입니다. 그 외 수술 자체가 울퉁불퉁하게 되었거나, 특정 부위가 덜 빠진 경우, 특정 부위가 너무 빠진 경우, 유착이 심한 경우에는 어쩔 수 없이 재수술을 시행해야 합니다. 이때 제가 선호하는 SAL(핸드 크라프트) 방식을 추천합니다. 문제가 있는 부위를 한 땀 한 땀 미세하기 컨트롤하기 제격이기 때문이지요. 또한 너무 빠진 부위는 다른 부위의 지방으로 메우기도 하는데요. 이때 줄기 세포의 도움을 받기도 합니다.

Q10. 임신 전과 후, 지방흡입의 적적한 시기는 언제일까요??

66 수술의 필요성을 느낄 때 하시면 됩니다. 임신 전이 좋다고 해서 미리 해야 할 필요는 없습니다. 지방 흡입은 질병의 치료가 아닌 미용 목적의 개인 만족 혹은 동기부여를 위한 시술이니까요. 하지만 '언제든 임신이 될 수 있는 상황이고, 평생 고민이었던 러브핸들을 없애고 싶다!'의 경우는 답변이 달라질 수 있습니다. 임신 전후의 체중 차이가 없는 케이스라면 탄력이나 복부 근육 등을 고려했을 때 임신 전의 수술을 추천하지만 출산 후에 체중이 임신 전과 다르게 증가할 것 같다면 추후 상태에 맞춰 디자인하고 수술하는 것이 더 합리적이기 때문입니다. 99

**Q11. 지방흡입 수술시 마취 상의 문제나
감염이 발생 할 수도 있나요?**

❝ 지방 흡입은 크게 국소마취, 수면마취, 전신마취 이렇게 세 방법의 마취하에 진행이 가능합니다. 제가 주로 사용하는 수면마취를 가지고 이야기해 보겠습니다. 수면마취는 환자의 상태를 면밀히 모니터링할 경우 매우 안전한 마취 방법입니다. 현재 사용되는 수면마취 약물은 반감기가 매우 짧아 문제가 발생하면 바로 약을 끄고 환자를 케어해 상황을 되돌릴 수 있습니다. 감염의 문제 또한 원칙을 지킨다면 확률을 매우 낮출 수 있는데요, 만약 감염 문제가 발생하더라도 적극적인 항생제 치료로 대부분의 문제를 해결할 수 있습니다. ❞

> **Q12. 지방흡입 수술을 많이 하는 부위와 까다로운 부위는 어디인가요?**

　　연령대마다 다릅니다. 20대는 주로 허벅지와 팔이라면 30대는 팔과 복부, 40대 이상부터는 복부가 많습니다. 가장 까다로운 부위는 종아리입니다. 지방층이 매우 얇아서 부작용이 쉽게 올 수 있기 때문이지요. 그렇기에 부작용을 줄이기 위한 신경을 많이 써야 하며, 드라마틱한 효과를 함부로 기대해서는 안 됩니다. 붓기와 흉터 관리도 여간 까다로운 게 아닙니다. 그래서인지 종아리 지방 흡입을 아예 안 하는 병원도 종종 있습니다.

Q13. 지방흡입술을 받고 다음날 출퇴근이 가능한가요?

66 거의 모든 부위의 지방 흡입이 그렇습니다만 다음날 일상생활에 전혀 문제가 되지 않습니다. 한꺼번에 많은 부분을 동시에 수술받는 게 아니라면 수술 다음날 소독 받고 출근하실 수 있습니다. 하지만 통증이 전혀 없다는 뜻은 아니며 근육통 정도의 통증이 있을 것이라고 생각하시면 됩니다. 이것도 수술하는 병원에 따라 다르다는 점을 참고하시면 좋겠습니다. 99

Q14. 지방흡입 후에는 압박복이 필수인가요?

❝ 필수는 아닙니다. 다만 압박복은 통증 완화, 부종 감소, 멍 예방에 도움을 줄 수 있습니다. 간혹 피부 탄력이 많이 떨어지는 경우 피부 처짐의 예방 목적으로 사용되기도 합니다. 일반적으로 피부 탄력이 좋으면서 특별한 문제가 예상되지 않을 경우 압박복을 입지 않는 경우도 많습니다. 후 관리의 경우도 마찬가지입니다. 도움을 주지만 필수는 아닙니다. 간혹 외국인이나 교포들이 수술을 받게 되는데 스케줄상 후 관리를 소화하지 못하고 출국하는 경우가 대부분입니다. 이런 경우도 나중에 경과를 보게 되면 아무 문제가 없음을 확인하게 됩니다. 다만 이는 나의 수술 테크닉에 한정된 이야기이므로 수술받는 병원의 지침을 따르시는 것을 추천드립니다. ❞

Q15. 얼굴도 지방흡입이 가능한가요?
저는 얼굴 전체를 다 뽑고 싶어요!

❝ 이론적으로는 가능하지만 그렇게 시술이 되지는 않습니다. 중요한 혈관이나 신경이 지나는 부위는 수술을 권하지도 않고요. 지방 흡입을 했을 때 이익을 얻을 수 있는 부위와 그렇지 않은 부위는 개개인마다 다릅니다. 따라서 모든 부위를 흡입하는 시술이 아닌, 할 수 있거나 필요한 부위를 흡입하는 시술로 지방 흡입을 진행하시면 됩니다. ❞

Q16. 남성들이 지방 흡입하는 경우는
얼마나 되나요?

" 여성보다는 아니지만 많이 하는 편입니다. 남성 같은 경우에는 복부, 여유증 수술이 대부분의 비중을 차지하고 있습니다. 팔과 허벅지를 하는 경우는 거의 없습니다. 그러니 남성들도 안심하고 시술받으셔도 괜찮습니다. 물론 사전 상담은 필수입니다. "

❝ 다들 상식처럼 알고 계시듯이 남성은 피하지방이 덜 발달되어 있어서 지방 흡입 결과가 여성보다 드라마틱 하게 나오진 않습니다. 하지만 여성형 유방의 경우에는 드라마틱한 변화를 유도할 수 있고 복부의 경우, 체중 감량과 병행한다면 내장 지방이 빠르게 반응할 것이기 때문에 만족할 만한 효과를 기대할 수 있습니다. 또 피하지방형 내장지방형 이런 차이를 따지기 전에 여성은 팔, 복부, 허벅지에 전부 관심 있는 반면 남성분들은 팔 다리 굵기에는 큰 관심이 없습니다. 이렇게 시술을 받는 부위도, 효과도 성별에 따라 다른 편입니다. 같은 여성이라고 하더라도 개인차는 필연적입니다. 지방 흡입은 공장에서 바비인형을 뽑아내듯이 획일적으로 이루어질 수는 없습니다. ❞

> **Q18. 지방흡입 후 색소 침착이 되는
> 경우도 있나요?**

❝ 색소침착의 가능성은 있지만 매우 드문 경우입니다. 보통 흡입하는 캐눌라가 피부 얇은 층까지 공격적으로 자극을 가했을 때 생기는데요. 이때 색소침착이 생긴다면 유착이나 울퉁불퉁함도 함께 올 수 있습니다. 다만 절개부위의 색소침착의 경우는 종종 발생할 수 있지만, 대부분 시간이 지나면 개선되며 필요시 레이저 관리를 할 수도 있습니다. ❞

Q19. 뽑은 지방을 버리지 않고 다른 용도로
사용하는 경우도 있다던데요?

　　맞습니다. 지방 흡입을 통해 뽑아낸 지방은 필요가 없을 경우 폐기하게 되지만, 유용하게 쓰이는 경우도 많이 있습니다. 얼굴의 부족한 볼륨을 채워주기도 하고 가슴, 엉덩이를 볼륨 업 하는 데 사용하기도 합니다. 요즈음은 점점 볼륨 있는 바디라인을 선호하는 추세이기 때문에 힙업을 위한 용도로 사용되는 경우가 많습니다. 또한 아직은 대세 치료는 아니지만 지방 세포에 풍부한 줄기세포를 이용하여 다양하게 활용하는 연구도 진행중에 있습니다. 피하 지방이 많은 것이 부러울 수 있는 그런 웃지 못할 상황이 벌어질 수도 있겠군요.

Q20. 지방흡입술 후 어떤 운동이 좋을까요?

66 지방 흡입 후 효과를 증대시키기 위해 학계에서 권하는 운동이나 스트레칭은 따로 없습니다. 하지만 팔뚝과 겨드랑이 지방 흡입을 진행하였을 경우, 겨드랑이 안쪽부터 팔 안쪽까지 뭉침 현상이 발생할 수도 있어 이 부위를 만세 하듯 스트레칭하는 것을 추천드립니다. 스트레칭을 하면서 부분 부분 주물러 주는 것 또한 뭉침을 개선하는 데에 효과적이지요. 복부를 흡입하였을 경우엔 의류와 자세의 선택이 매우 중요합니다. 수술 부위를 강하게 눌러주는 청바지나 허리를 굽힌 자세는 복부에 보기 싫은 자국을 만들기 때문에 지양하는 편이 좋습니다. 가로로 접힌 상태로 뭉치는 등 수술 결과에 나쁜 영향을 줄 수 있기 때문입니다. 99

75kg 그녀는 왜 지방흡입부터 했을까?

초판 1쇄 인쇄 | 2023년 7월 25일
초판 1쇄 발행 | 2023년 7월 25일

지은이 | 김하중

편집기획 | 장영광
디자인 | 배주현
발행처 | 청춘미디어

출판등록 | 2014년 7월 20일
전화 | 010 3630 1353
문의 | 29rich@naver.com

ISBN 979 - 11 - 87654 - 97 - 1

책값 9,900원